SLING

Die Nase der Sphinx

oder

Wie wir Berliner so sind

Herausgegeben
und mit einem Nachwort
von Ruth Greuner

S L I N G

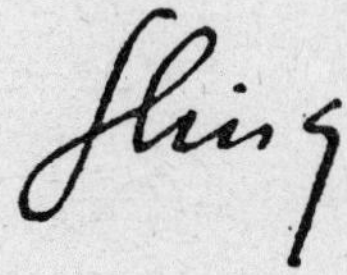

Die Nase der Sphinx oder Wie wir Berliner so sind

Feuilletons
aus den Jahren
1921 bis 1925

Buchverlag Der Morgen, Berlin

Mit 15 Zeichnungen und Karikaturen

ISBN 3-371-00064-8

1. Auflage

Lizenznummer: 48-48/22/87
LSV 7102
Gesamtgestaltung: Hans Joachim Petzak
Schutzumschlag unter Verwendung einer Zeichnung von Imre von Santho, »Finale«, und einer Karikatur von de Luca (ohne Titel)
Printed in the German Democratic Republic
Satz: Gutenberg Buchdruckerei und Verlagsanstalt Saalfeld, Betrieb der VOB Aufwärts
Druck: Gutenberg Buchdruckerei und Verlagsanstalt Weimar, Betrieb der VOB Aufwärts
Buchbinderei: Buchkunst Leipzig
Bestellnummer: 695 635 8
01050

Wie wir Berliner so sind

Von einer sehr unbeliebten Nation kann man wohl behaupten, daß sie *eines* nicht sei: kokett. Unter den Deutschen sind wir Berliner die unbeliebtesten. Wir gehen allen anderen auf die Nerven. Wir wissen das, ändern aber nichts an unserem Betragen. Denn wir haben keine Lust, uns zu verstellen. Das ist unsere Tugend.

Wir sind immerhin stolz und bewußt genug, um darüber unterrichtet zu sein, daß wir eine Reihe ausgezeichneter Eigenschaften haben. Aber wir tragen sie nicht wie Sandwichmen auf Brust und Rücken. Wir überlassen es den anderen, unsere Tugenden zu finden. Daß diese sie nicht einmal suchen, spricht nur gegen die Intelligenz der anderen. Wären diese Leute wirklich klug, würden sie lieber mit angenehmen als mit unangenehmen Menschen zusammensein. Sowie sie aber unseren guten Eigenschaften auf die Spur kommen, wenden sie sich ab, sie können es nicht vertragen, daß wir (neben allem anderen) auch noch liebenswürdig sind.

Eines unserer Hauptverdienste ist, daß wir Berlin bewohnen. Das ist sozusagen eine Last, die wir für die ganze Nation auf uns genommen haben. Anstatt uns dafür auf den Knien zu danken, sagt man uns ins Gesicht, Berlin sei scheußlich, und wir seien daran schuld.

Der Berliner aber ist bis zu dem Grade wahrheitsliebend, daß er ebenfalls behauptet, Berlin sei scheußlich – was wiederum nur auf seinen Mangel an Koketterie zurückzuführen ist. Jeder Einwohner von Neustadt an der Knatter oder ähnlichen

Metropolen ist überzeugter von den Schönheiten seiner Heimat als der Berliner von den Vorzügen seiner Vaterstadt. Deshalb wurde auch nichts aus Neustadt, wohingegen Berlin – ich würde es loben, wenn ich nicht Berliner wäre.

Den äußersten Mangel an Koketterie zeigt der Berliner in seiner Behandlung der deutschen Sprache. Man beachte nicht nur Gespräche von Müllkutschern, sondern etwa das Frühlingsgezwitscher der Berliner Schulmädel. Mit dem Ausdruck einer gewissen Übelkeit werden die Worte herausgequetscht und auf das Straßenpflaster geworfen, von den Straßenfegern zusammengekehrt. Ein unerhörtes Temperament tut sich kund, das kein anderes Objekt hat als die deutsche Sprache. Die Beinchen sind krumm vom Asphalt, die Augen stumpf von den hohen Häuser, die armen Händchen greifen in die dicke, von Industrie geschwängerte Luft. Jedes Rasenplätzchen eingezäunt – und meist zu weit entfernt für die spärliche Freistunde. Das Kleidchen muß geschont werden, die Stiefel nicht minder, und sogar die Schürzen haben die Aufgabe, sauber zu sein. Was nicht immer gelingt. Das einzige, womit das Berliner Kind machen kann, was es will, ist die deutsche Sprache. Wir kennen die Folge.

Das Wahrzeichen unseres Mangels an Koketterie ist die Berliner Droschke. In anderen Städten und Ländern ist es etwas Feines, Droschke zu fahren. Kutscher, Pferd und Gast und Wagen haben ein Bewußtsein davon. Die kunsthistorische Bildung des Florentiner Kutschers, der beißende Witz des Parisers, die unnachahmliche Eleganz des Wiener Fiakers findet in Berlin kein Gegenstück. Sogar der Münchner Kutscher hat einen Ehrgeiz, er tut so, als sei er zugleich der Diener auf dem Bock und springt ab, um dem Fahrgast den Schlag zu öffnen. Der Berliner steht zu dem Fahrgast in gar keinem Verhältnis. Am Ende des Krieges gab es eine Zeit, in der er wenigstens versuchte, ihn zu betrügen. Auch das hat aufgehört. Er ist sachlich, und er rechnet auf kein Trinkgeld. Er ist nicht von dem Gefühl durchdrungen, einer Equipage vorzustehen, oder der Fahrgast sei etwas Feineres als er selbst, und er trägt den zweiundzwanzigmal geflickten blauen Mantel mit demselben Gleichmut, mit dem der Fahrgast sich auf das zerschlissene Polster niedersetzt. Auch er hat nicht das Gefühl, der Welt Bewunderung dadurch abzuringen, daß er Droschke fährt.

Der Berliner liebt es, zuzeiten ein gut geführtes, wohlausgestattetes Restaurant aufzusuchen. Dort haben die Kellner eine gewisse Haltung, die eine Mischung von Hochmut und Bedientenhaftigkeit ist. Unter diesen vornehmen Kellnern befinden sich selten Berliner. Der Eingeborene unterliegt zuweilen den Reizen der Vornehmheit. Er ist leicht befangen, und wenn er mehr zahlt, als er eigentlich mußte, so ist es aus Schüchternheit. Aber es gibt auch Berliner, die nicht schüchtern sind, und die machen Krach, wenn ihnen eine zu hohe Rechnung vorgelegt wird. Niemals zahlt der Berliner, weil er das für vornehm hält. Immer läßt er seinen Gefühlen freien Lauf: entweder es kracht, oder er ist eben schüchtern.

Wenn der schüchterne Typ sich auf die Reise begibt, hält ihn niemand für einen Berliner. Der krachmachende Typ ist außerordentlich unbeliebt – besonders bei den Kellnern.

Im Grunde haben wir alle ein bißchen von Michael Kohlhaas. Ich erinnere mich an eine Fahrt über den Bodensee vor einigen Monaten. Ich stand oben auf dem Verdeck neben der Kommandobrücke, als ein rot angelaufener Herr dahergestürmt kam und den Kapitän zu sprechen wünschte. Dies war der Tatbestand: Der Herr reiste mit zwei Damen. Während er und seine Frau sich noch um das Gepäck kümmerten, war die zweite Dame in die Kajüte gegangen, hatte sich bei dem Kellner ein Schnitzel bestellt. Bevor dieser Befehl noch ausgeführt war, kam der Herr mit seiner Frau dazu und bestellte (in Unkenntnis des bereits verlangten Schnitzels) deren drei. Infolgedessen brachte der Kellner vier. Der Kellner verlangte dafür auch Bezahlung. Jeder andere hätte das vierte Schnitzel (so überwältigend groß war es ja nicht) gegessen und bezahlt. Der Herr war aber aus Berlin. Infolgedessen machte er einen unerhörten Krach, der Kellner kam ihm nachgelaufen und krachte mit. Wer sich in der Nähe des Zankenden zeigte, wurde angezapft: »Mein Herr, wollen Sie Schiedsrichter sein.«

Als wir auf der Schweizer Seite ankamen, ließ man den Berliner nicht vom Schiff, ehe er bezahlt hatte. Das Schnitzel aß später der Kellner. Dieser Berliner hatte sich sehr lächerlich gemacht, aber ich liebe ihn gerade, weil er so gar nicht kokett war, sondern seine Lächerlichkeit mitten auf dem Bodensee angesichts der Schweizer Alpen und einiger mitreisender Ententediplomaten ausbreitete. Die anwesenden Süddeutschen und Schweizer lächelten vergnügt vor sich hin und sagten: »Ein Berliner.« Niemand ist auf den Gedanken gekommen, daß der Restaurateur des Schiffes kulanterweise hätte sagen können: »Verzeihen Sie den Irrtum, ich nehme das Schnitzel mit Vergnügen zurück – die Schnitzel, die Sie gegessen haben, sind ja auch von gestern.« Daß er das nicht gesagt hat, hätte man ihm nur verübelt, wenn sich die Szene nicht auf dem Bodensee, sondern auf dem Wannsee abgespielt hätte. Die Bewohner von Nichtberliner Gegenden können eben noch auf ganz anderen Gebieten machen, was sie wollen, wie wir, die eben nur die deutsche Sprache zur Verfügung haben.

März 1921

Berliner

Frühmorgens, auf der Potsdamer Tram, die zum Bahnhof fährt, stehen zwei prächtig gediehene Geschäftsherren; man hört aus dem Gespräch: Jeder hat seine bedeutende Firma in Berlin; jeder hat seit fünfzehn Jahren seine Wasservilla in Potsdam. Es sind ideal veranlagte Menschen, denn sie preisen die Schönheit der Havel, den Reiz ihrer Gärten, den Ausfall ihrer Spargelernte. Nun, auf der Nauener Straße, sprechen sie mit Entzücken von den Potsdamer Architekten. Sie überbieten sich in ihrer Kenntnis jedes einzelnen Hauses; wie fein seien die Verhältnisse abgewogen, wie reizend dieses Kapitäl, wie würdig und heiter das Ganze.

Und dann sagt der gewichtigere der beiden Herren: »Wie unkultiviert dagegen das traditionslose Berlin!« Der andere fügt dazu: »Und zu denken: Diese Ochsen von Berlinern kommen tausendweis nach Potsdam und sehen von alle den Schönheiten nichts!«

Beim Anhören dieser Worte werde ich ein bißchen traurig. Ich weiß natürlich, daß nicht jeder Berliner seine Wasservilla in Potsdam hat, daß er nicht alle Tage über den Potsdamer Alten Markt fährt, daß das feinere Verständnis für Architektur nicht gleichmäßig allen Berliner Kindern mit der Muttermilch überkommen ist. Aber ich weiß auch, daß – wenn die Berliner nach Potsdam fahren – sie dies tun, um schöne Häuser und schöne Parks zu sehen. Daß sie dabei auf ihre Art fröhlich sind und die Gastwirtschaften füllen. Und daß sie in dieser pikfeinen Stadt immer ein bißchen wie auf den Zehenspitzen gehen, weil ja die Schönheit nicht immer »verstanden« werden muß – weil sie sich zuweilen, und gerade in Potsdam, offenbart und auch den einfachsten Menschen überwältigt.

Ich würde ja so gern noch viel zum Lobe von uns Berlinern sagen, wenn ich nicht wüßte, daß der Herr mit der Wasservilla, der von uns Ochsen gesprochen hat – Berliner ist.

Juni 1925

Das Pfingstgeschenk

Abends im Vorortzug, der die Eingeborenen nach dem Arbeitstag in der Großstadt zu ihren Landhäusern und Gärten zurückführt. Eine besondere und fröhliche Rasse, diese Eingeborenen. Man sieht es ihnen an: Die revolutionären Elemente unter ihnen wählen Deutsche Volkspartei. Sie haben das Talent, den Ärger des Geschäfts im Augenblick zu vergessen, wo sie in der Bahn sitzen. Man ist da immer so behaglich zusammen, auch ist manchmal eine eingeborene Dame dabei, die in Berlin ihre Einkäufe gemacht hat. Also, man plaudert und lacht schon, bevor der Zug losgeht. Im letzten Moment kommt noch ein Herr, ein rüstiger, behaglicher Mann mit großem Paket.

Man begrüßt ihn: »Nanu, *Sie* in Berlin, Sie hatten es doch nicht nötig!« Der Herr lächelt auf eine feine Art – nein, das ist kein Kaufmann. Vielleicht ... jedenfalls Akademiker.

Dann denkt sie plötzlich daran, wie die Herrschaften zu Hause eingerichtet sein mögen. Behaglich auf alle Fälle – sicher nicht protzig. Nur eben so, wie man es in den Möbelfabriken sieht. Wie denn auch anders! Vielleicht bei dem Akademiker doch ein wenig besonders. Sicher sieht's ein bißchen so aus, als wäre er der Direktor des vorstädtischen Gymnasiums. Die Schulmeister haben zuweilen ihre Finessen.

Der Zug geht ab. Und die Dame fragt: »Was haben Sie wirklich in der Stadt gemacht?«

Und er lächelt wieder auf seine feine, etwas listige Weise. »Ich habe ein Geburtstagsgeschenk für meine Frau abgeholt.

Diesmal fällt Pfingsten gerad auf ihren Geburtstag, und da habe ich mir was ausgedacht. Meine Frau steht doch morgens so spät auf . . .«

Schon ist er dabei, das breite und flache Paket auszupacken. Man merkt ihm an, er tut es nicht sosehr, um es den anderen zu zeigen, wie um sich selbst noch mal an dem Anblick zu laben. Also löst er bedächtig, wenn auch mit leis erregten Fingern die äußere Papierhülle. Dann gibt es eine zweite Hülle aus gewellter Pappe. Dann waren zwei flache Gegenstände in Seidenpapier sichtbar – ich erkenne sofort zwei Bilderrähmchen.

Ich hab's doch gewußt, ein kultivierter Mann. Er hat jetzt Gravüren rahmen lassen – aber welche? Seine Frau steht so spät auf – vielleicht was ganz Modernes, Problematisches, fürs Schlafzimmer, was der Frau keine Ruhe läßt, stundenlang halboffenen Auges vor sich hin zu blinzeln. Vielleicht auch was Ermunterndes, wie das süße Schwindsche Morgenbild aus der Schackgalerie, das in allen Kunsthandlungen zu haben ist. Aber es sind doch *zwei* Rähmchen.

Und nun enthüllt er sie. Die Rähmchen sind aus feinstem Mahagoni. Aber es ist kein Bild drin, sondern mit großer schwarzer Druckschrift und goldener Verzierung ist auf das eine gemalt:

»Der Schlaf vor Mitternacht ist der beste!«

und auf das andere:

»Morgenstunde hat Gold im Munde!«

Die Rahmen werden herumgezeigt. Man ist sprachlos. Und der glückliche Schenker fügt erklärend hinzu: «Abends liest sie so lange Zeitung, und morgens kann sie nicht aufstehen!«

Die Dame versucht eine Einwendung: »Ob sich Ihre Frau sehr dazu freuen wird . . .«

»Aber sicher – es ist doch kein Druck – alles mit der Hand gemalt – eigens angefertigt.«

»Und die hängen Sie nun als Pendant nebeneinander auf?«

»I wo – der Schlaf vor Mitternacht kommt ins Wohnzimmer, wo sie abends immer liest – und die Morgenstunde ins Schlafzimmer.«

1 Adolf Dehn (ohne Titel)

»Hm.«

Bescheiden packt er seine Bilder wieder ein. Ich aber weiß nun, wie mein Akademiker eingerichtet ist.

Mai 1925

Zwei Hüte

Morgens, in der Straßenbahn, es ist ziemlich voll. Ein dicker, etwas strenger Herr sitzt gegenüber seiner langen, dürren, sicher gemütsweichen Frau. Ich setze mich neben den Herrn. In demselben Augenblick schreit die Dame leicht und hell auf. Auch ich habe südwärts eine sonderbare Empfindung, erhebe mich so rasch, wie ich kann, während der Herr unter mir seinen vollkommen zerbeulten schwarzen, bis vor wenigen Sekunden steifen Filzhut hervorzieht.

Bevor ich noch meine Entschuldigung stammeln kann, schnauzt der Herr seine Frau an: »Was machst du denn für ein Geschrei!!«

Ich stammele meine Entschuldigung, *wie* leid es mir täte ...

Aber er hört gar nicht zu, sondern schimpft weiter mit seiner Frau. »Wie kannst du nur so ein Geschrei machen?«

Sie: »Aber ich sah es doch kommen.«

Ich stammele weiter, werde aber absolut nicht beachtet.

»Das ist doch kein Grund, so zu schreien!«

Sie: »So habe ich ja gar nicht geschrien!«

Ich höre auf zu stammeln, von mir nimmt man ja doch keine Notiz, sehe nur zu, wie der Herr den vergeblichen Versuch macht, die Delle wieder glatt zu streichen. Es gelingt ihm keineswegs. Er brummt weiter: »Wegen so was zu schreien ...«

Da wirft sie ihm einen Blick zu, einen einzigen, aber einen vollgültigen Beleg für ein fünfundzwanzigjähriges Eheleben, rafft sich auf und sagt scharf und leise: »Halt schon den Mund.«

Zwei Stunden später bin ich in einem öffentlichen Gebäude, möchte telephonieren, verlange ein Telefonbuch, man weist mich in ein großes Büro. Aus dem großen Zimmer werde ich in ein etwas kleineres geführt, in dem ein junger Beamter am Schreibtisch sitzt. Neben dem Schreibtisch noch ein Tisch, und auf diesem liegt das Telefonbuch und auf diesem der weiße Strohhut des Beamten.

»Sie gestatten, daß ich was nachsehe?«

Ich bekomme keine Antwort, lege den Hut beiseite, nehme das Telefonbuch vor, sehe nach, klappe zu, gehe.

Plötzlich schreit eine Unteroffiziersstimme hinter mir her: »Wollen Sie nicht wenigstens . . .«

Sofort fällt mir ein, daß ich das Telefonbuch ziemlich quer auf dem Tische haben liegen lassen. Ich lege es rasch wieder ordentlich hin, lege auch den weißen Hut darauf.

Der Mann ist aufgesprungen und schreit weiter: »Wenn Sie auch kein Beamter sind, so sollten Sie doch wissen, daß es der Anstand erfordert . . .«

Jetzt werde auch ich fuchsteufelswild: »Ich verbitte mir jegliche Belehrung. Ich habe meinen Fehler wiedergutgemacht, darüber hinaus haben Sie mir kein Wort zu sagen!«

Wir pöbeln uns noch eine Weile weiter an, meine Stimme ist die lautere, endlich hält er den Schnabel. Ich gehe hinaus.

Als ich draußen bin, fällt mir ein: Wie kommt dieser Mensch dazu, seinen privaten, weißen Strohhut auf das amtliche Fernsprechbuch zu legen? Ganz abgesehen von den höchst verschiedenen Besitzverhältnissen, in denen sich diese beiden Gegenstände befinden: Das Buch ist viereckig, der Hut ist rund, und es ist doch überhaupt fraglich, ob sich ein runder Hut in eine vorschriftsmäßige Lage bringen läßt. Ich würde keinen Moment zögern, diesen Mann wegen Mißbrauchs des amtlichen Fernsprechverzeichnisses bei seiner vorgesetzten Behörde zu denunzieren, wenn ich mir nicht bewußt wäre, selbst den Hut untertanenhaft wieder auf das Telefonbuch gelegt zu haben.

So kommt man runter.

August 1925

Auf dem Balkon

Wenn ich morgens das Schlafgemach verlasse und mich zum Frühstück auf den Balkon begebe, betrete ich sozusagen die Schlafzimmer der andern. Die Häuser in meiner Straße sind merkwürdigerweise so gebaut, daß sich die meisten Leute entschlossen haben, ihre Schlafzimmer nach vorn zu legen. Da ich sehr hoch wohne, habe ich die beste Einsicht in die verschiedensten Verhältnisse. Gemeinhin ist man sehr diskret, bis auf eine Dame in vorgerückten Jahren, die glaubt, Sonnenbäder nehmen zu können, ohne verbotene Gefühle zu erwecken. In dieser Beziehung ist sie sogar im Recht. Indessen irrt sie in einem andern Punkt. Sie läßt sich mit Vorliebe den Rücken bescheinen. Da sie sich zu diesem Zweck auf den Bauch legt, glaubt sie, auch die andern sähen es nicht. Man hat sie über diesen Irrtum schriftlich aufgeklärt.

Wenn die Menschen mit dem Schlafen und Waschen fertig sind, öffnen sie in löblicher Sehnsucht nach Morgenfrische die Fenster. Die Damen, wenn sie jünger sind, haben dann rosarote oder himmelblaue Morgenkleider an. Die Herren sind meist in Hemdsärmeln und knöpfen ihre Kragen zu. Zuweilen tanzen noch einige Kinder im Hemd herum. Sie werden von ihren Eltern außerordentlich geliebt. Dann folgen die Leute meinem Beispiel und betreten ihren Balkon. Erst halten sie ein bißchen Umschau und prüfen, was auf unserer Seite Interessantes zu sehen ist. Sie ruddeln [!] einige Minuten über uns, dann setzen sie sich auch zum Kaffee. Wir sind so an die vierzig Männer, die täglich zusammen frühstücken, Kinder und

Frauen erziehen – oder selbst erzogen werden – und dabei Zeitung lesen. Es gibt sehr korrekte Männer mit sehr langweiligen Frauen. Es gibt korrekte Männer mit amüsanten Frauen. Es gibt amüsante Männer mit langweiligen Frauen. Amüsante Männer mit amüsanten Frauen sind sehr rar – wenigstens in unserer Straße. Es ist in den Ehen so, daß gewöhnlich einer Zeitung liest, während ihn der andere dabei stört. Frauen bevorzugen die Lektüre von Büchern; in diesem Falle wird ihnen von den Männern die Zeitung vorgelesen, was die Frauen nicht leiden können.

Die Männer gehen morgens in ihr Geschäft, die Frauen bleiben allein, ohne daß sie darüber in Tränen ausbrechen. Gewöhnlich genügt ein flüchtiger Kuß auf die Stirn, zu dem weiter nichts gesprochen wird. Wenn der Mann vorher seine Brieftasche ziehen muß, weil das Wirtschaftsgeld nicht gereicht hat, unterbleibt der Kuß. Die Frauen sitzen noch eine Weile, während der Mann schon auf dem Wege zur Arbeit ist. Dann machen sie sich zum Ausgehen zurecht, verlassen das Haus. Ihr Hauptvergnügen bleibt das Geldausgeben.

Abends finden wir uns wieder. Dann sitzen wir noch lange beim Lampenschein beieinander, bis ein Paar nach dem andern verschwindet. Im Schlafzimmer, das dann wundervoll in Ordnung ist, wird Licht gemacht, die Fenster werden geschlossen, die Vorhänge zugezogen. Noch eine Weile ist ein rosiger Schimmer sichtbar, dann erlischt auch er.

Zuweilen bekommt man Besuch, dann muß gesprochen werden, und das ist recht schwer. Es gibt sehr wenig Gesprächsthemen. Wenn man gar nichts mehr weiß, spricht man von der anderen Seite der Straße. Klügere Leute greifen gleich zu den Karten; das sind diejenigen, die es keinen Augenblick ohne geistige Betätigung aushalten. Es gibt Ehemänner, die jeden Abend mit ihren Frauen Sechsundsechzig spielen. Darunter sind grauköpfige Männer, die ihre Frauen bemogeln. In jüngeren Jahren mogelt die Frau. Beim weiblichen Geschlecht wirkt das Alter läuternd. Der Mann wird mit den Jahren sachlicher. So hat jeder seine Gründe.

Im großen und ganzen hat man den Eindruck, daß keine

zwingende Notwendigkeit für das Zusammenleben der Paare besteht. Wahrscheinlich wäre es amüsanter, wenn alle Männer auf der einen und alle Frauen auf der anderen Seite der Straße wohnen würden. Indessen ist wenig Aussicht, daß an der bunten Reihe, die man nun mal gemacht hat, was zu ändern ist.

Im allgemeinen kennen wir uns nicht. Aber vor vier Wochen sind Bekannte gegenüber eingezogen. Wir Männer bemerkten uns gegenseitig von unseren Balkons, nickten uns freundlich zu und stellten uns gegenseitig mit empfehlender Handbewegung unsere Frauen vor. Sonst verkehren wir nicht miteinander. Es genügt sozusagen, wenn man sich immer sieht. Wir sehen uns täglich stundenlang, wir können den Fetzen Abendrot, der unserer Straße gegönnt ist, nicht genießen, ohne uns zu sehen. Wenn ich melancholisch vor mich hin blicke, sehe ich ihn, und wenn ich freudetrunken die Arme hebe, sehe ich ihn. Setze ich mich an meinen Schreibtisch und hebe meinen Blick vom Papier, so sehe ich ihn. Und wenn ich die Vorhänge zuziehe, sehe ich ihn. Ich trinke keinen Schluck und esse keinen Bissen ohne ihn. Ich hasse ihn, und ich würde ihm durchs Telefon unsere Bekantschaft kündigen, wenn ich nicht längst Rache geübt hätte; blickt er melancholisch vor sich hin, so sieht er mich; reckt er die Arme freudetrunken zum Himmel, so sieht er mich. Ißt er, trinkt er – er sieht mich. Vielleicht platzt er.

Mai 1921

Musik
Phantasien eines Verschnupften

Zuweilen gibt ein ganz gewöhnlicher Schnupfen Gelegenheit, die musikalische – man kann auch sagen: die seelische Struktur eines Hauses kennenzulernen. Für gewöhnlich hört man im Eigenlärm über die Geräusche der andern hinweg. Doch wenn ein sanftes Leiden die zärtliche Schonung der eigenen Familienmitglieder hervorruft, wenn alles auf Zehenspitzen geht, das Telefon nur noch verschämt röchelt und sogar der Einbrecher sich draußen die Schuhe auszieht – dann, o Mensch, nimm zwei Aspirine, eine heiße Limonade, hülle dich in die ganze Wolle deines Bürgertums, und wenn du dann noch nicht schwitzest – höre, was die Menschen im Hause spielen.

Moderne Nachbarschaft ist eine der unheimlichsten Angelegenheiten. Man denke an die Mieterversammlung. Wir Bewohner desselben Hauses leben doch – man kann sagen, was man will – unter denselben klimatischen Verhältnissen (die Zentralheizung funktioniert bei keinem), und dennoch ist die Mieterzusammenkunft immer ein Kongreß von Eingeborenen vierundzwanzig verschiedener Erdteile. Jeder redet in seiner Sprache an dem andern vorbei. Man will auch gar nicht verstanden werden. Im Grunde hassen wir uns gegenseitig, unsere Stiefel, unsere Zigarren, unsere Dienstmädchen, unsere Kinder, unsere Eheweiber. Eine der größten Verwirrungen bietet das Betreten der unter oder über uns gelegenen, also völlig gleichgroßen Wohnung. Wenn wir sehen, was andere Menschen aus diesen selben Räumen gemacht haben, so packt uns das Grauen.

Wir erleben nämlich denselben Gedanken, von einem andern gedacht. Ich habe plötzlich den Kopf des andern auf der Schulter.

Wir haben dieselben Räume (auf Grund irgendwie ähnlicher Verhältnisse oder Ansprüche) – unser häusliches Leben ist in denselben Rhythmus gezwungen. Es macht schon etwas aus, vom Speisezimmer ins Schlafzimmer, vom Arbeitsraum zu den Kindern genau dieselbe Schrittzahl zu benötigen. Gleiche Weite des Blicks, gleiche Aussicht, gleiche Winkel und Krümmungen. Und wie unerhört anders hat der andere Mensch diesen selben Gedanken bevölkert, möbliert, will sagen: beseelt. Das kann reicher oder ärmlicher sein, spröder oder lasterhafter, eine gefühllose Öde oder ein Aufschwung zur Schönheit; familiäres Behagen oder pure Pflichterfüllung. Die Schönheit kann gebildet sein aus ein paar kargen Möbeln, von einer guten Hand geordnet; erlesene Dinge können zum Selbstbetrug vor dem Gebieter in grotesker Lächerlichkeit strammstehen. (Was können Möbel lügen – wie gut und wie schlecht!) Kann alles sein, würde uns gar nicht berühren – geschäh es nicht in unsern Räumen! Der andere in uns greift uns an, die Verzweiflung: Der Mensch unter – über – neben dir ist gar nicht das, was dir Mensch ist.

Diese Auseinandersetzung über die Verschiedenheit der Menschen mußte sehr langatmig sein, um das Folgende besonders wirkungsvoll zu machen:

Jeder dieser höchst verschiedenen Menschen hat ein Klavier, und alle spielen dieselben Stücke. Man entschuldige das nicht mit der notorischen Armseligkeit unserer Musikliteratur. Tatsächlich kommen die Menschen mit einem Bruchteil des Vorhandenen aus: sie nähren sich von einem knappen Dutzend Sonaten, Mozart oder Beethoven; ein paar Walzern, Notturnos oder Mazurkas von Chopin, zwölf bis zwanzig Minuten Wagner und einigen musikalischen Momenten Schuberts. Dann stehen noch ein paar Bachsche Fugen oder Händelsche Variationen in der Hausapotheke oder ein paar Schnäpse von Walter Kollo, Leo Fall und ähnlichen Melomanen.

Diese Menschen also haben das fast gleichartige Bedürfnis nach musikalischer Heiterkeit oder Heroismus, Schwermut oder Tändelei. Sie sind innerlichst gezwungen, dieselben Ton-Gedanken-Gefühlsreihen immer wieder zu durchlaufen. Die Musik ist ihr seelischer Generalnenner.

Man merkt's im ganzen Umfange erst im Schnupfenfalle: vom Parterre dampft Chopin zu mir herauf, im ersten Stock braust Beethoven, im vierten wabert Wagner. Zehn Minuten später hat sich's gedreht: Wagner wabert aus dem Parterre, Chopin tropft auf mich herab, Beethoven prasselt mir von der Linken in die Weichteile. Man könnte (unter dem Einfluß der heißen Limonade) eine große Wut bekommen auf die gesamte Musik und feststellen, daß in den Konzerten in nur wenig vergrößertem Maßstabe dasselbe vor sich geht. Unsinn: wenn alle andern Komponisten nicht auf die Welt gekommen wären und Mozart nichts als die g-Moll-Sinfonie geschrieben hätte – wäre das ein Beweis gegen die Musik? Aber es ist richtig, daß für die Hausbewohner der Unterschied kein sehr großer wäre – mir wurde gestern die »Appassionata« von drei verschiedenen Seiten zugleich entgegengedonnert.

Vom Standpunkt eines gütigen Menschenbetrachters läßt sich sagen: Die Musik hat in weiten Kreisen die Stelle eingenommen, die früher die Heilige Schrift innehatte. Man hatte sich jahrhundertelang an den sehr schönen, sehr erhabenen Geschichten erbaut und wird es auch in Zukunft tun – aber der liebe Gott träufelte neue himmlische Propaganda auf uns herab. Als feiner Menschenkenner hatte er sich gesagt, daß die Methode, seine gesammelten Werke möglichst in einem, höchstens in zwei Bänden herauszugeben, die Menschen eher von der Lektüre abhält als zu ihr einladet. Die Art, das Ganze groß und feierlich zu nehmen, ist sehr anständig, aber nicht sehr reizvoll. Die unerhörte Fülle und Mannigfaltigkeit widerstrebt der einheitlichen typographischen Gestaltung. Jeder andere Dichter findet sich (soweit er nicht überhaupt an seinen gesammelten Werken zugrunde geht) dann doch zu einer ihm gemäßen Erscheinungsform. Nun tritt auch die Bibel gelegentlich vornehm und bis zu einem gewissen Grade weltmännisch in den Kreis der Werke, die gelesen sein wollen. Eine feine List des großen Psychologen, mit Goethe und Schiller, Möricke und Poe, E. T. A. Hoffmann und Gogol in scheinbaren Wettbewerb zu treten und zu tun, als seien die anderen Werke nicht von ihm.

Mit der Musik indessen ließ er es nicht soweit kommen. Das widerstrebt der Sammlung im Großen. Das vertreibt sich am besten durch Einzelausgaben und zwingt zu frommer Beschäftigung mit Fingersätzen und Pedalen.

Auch diese Abschweifung war nötig, um auseinanderzusetzen, daß es von diesem Standpunkt aus nicht so sehr darauf ankommt, wie gespielt wird. Wenn rings um mich her gewabert und gerast wird, wenn die Fingersätze fliegen und die Pedale ächzen, so weiß ich, daß in meinem Hause augenblicklich wenig gesündigt wird. Es bleiben höchstens einige Rechnungen unbezahlt. Denn der Dilettant ist an seinen Übungen mit allen Sinnen und Gliedmaßen beschäftigt. Man muß schon ein Künstler sein, um so zwischen Präludium und Fuge Vater oder gar Mutter zu werden.

Denn Künstler sind Priester und haben das Lächeln.

November 1921

Witta vasichat?

Die vielerörterte Frage lautete eigentlich dahin, ob man für den Sommerüberzieher ein neues Futter oder für das Futter einen neuen Sommerüberzieher anschaffen sollte. Freunde, denen das Kleidungsstück zur Begutachtung vorgelegt wurde, brachen in den fugierten Ruf aus: »Reiniget ihn.« Dementsprechend wurde gehandelt. Die Frau ging noch einige Tage überlegend durch die Straßen und widmete ihre Aufmerksamkeit jenen sonderbar nachdenklichen, fast leeren Schaufenstern, in denen zuweilen eine gebügelte Männerhose mit einer rosa Damenbluse oder ein grüner Unterrock mit einer karierten Männerweste von vergangenen Tagen stumme Zwiesprache halten. Dann öffnete sie die Tür eines dazugehörigen Ladens, in dem vor verhüllten Schränken eine seit dreißig Jahren auf irgend etwas wartende Dame stand und schließlich mit saurer Miene sagte: »Gut, wir werden den Mantel abholen.«

Am nächsten Tage klingelte es, und vor der öffnenden Frau stand ein blasses, blondes, zwölfjähriges Mädel mit blau erloschenen Augen und einem unerhört breiten, gradlinigen Mund.

»Is hier der Paletot abzeholen?«

Die Frau nickte, holte das von den letzten peinlichen Resten des Futter befreite Kleidungsstück aus dem Schrank und reichte es dem Kinde, das noch einmal den Mund weit öffnete, um mit heller Stimme zu schmettern: »Witta vasichat?«

Die Frau, die das Unglück hatte, nicht in Berlin geboren zu sein, sagte zunächst gar nichts. Das Mädchen hielt sie infolge-

2 Th. Th. Heine, Titelzeichnung für den »Querschnitt«

dessen für schwerhörig, holte noch einmal tüchtig Atem und schrie, so laut und so rasch es konnte: »Witta vasichat?«

Die Frau, die immer noch nicht wußte, aber mutmaßte, daß ein irgendwie gearteter Irrtum vorliegen mußte, sagte: »Nein, er soll gereinigt werden.«

Das Mädchen zuckte bloß mit der rechten Schulter: »Wolln Se'n nich lieba vasichan?«

Nun lächelte die Frau und meinte: »Wird er denn davon auch sauber?«

»Nee.« (So eine dumme Dame war dem Mädchen noch nicht vorgekommen.) »Er kommt bloß nich wech.«

»Wieso kommt er denn weg?«

Das Mädchen wiegte ungeduldig den auf dünnem Halsstengel sitzenden Kopf: »Villeicht kommt er ooch nich wech.«

»Na also«, meinte die Frau. »Im übrigen ist es eure Sache, dafür zu sorgen, daß er nicht wegkommt. Ich übergebe euch einen Paletot, und ihr habt ihn mir gesäubert zurückzubringen.«

Das Mädchen ließ sich auf juristische Erörterungen nicht ein und sagte bloß: »Wenna wech is, dann issa wech.«

Da schwoll der guten Frau die Zornesader, und sie schrie: »Na, dann ›issa wech‹! Und er wird auch nicht ›vasichat‹!« und schlug dem Mädchen die Tür vor der Nase zu.

Am Abend erzählte es die Frau dem Manne. Der hörte schweigend zu. Dann ergriff er ihre liebe kleine Hand und küßte sie. Die Frau wurde nervös und fragte unsicher: »Hätte ich ihn doch versichern sollen?«

Der Mann schüttelte den Kopf. Sein Auge sah wehmütig in die Ferne, dann sagte er, der das Glück hatte, in Berlin geboren zu sein, leise mehr zu sich, als zu seiner Frau: »Nu issa wech.«

[1924]

Ein Spazierstock hängt im Regen ...

Eine wäßrige Nacht. Wir waten vom Theater zur Stadtbahn, haben gerade ein paar Minuten trockenes Obdach, und dann klatscht uns das Wasser wieder ins Gesicht. Die Menschen patschen unter den glänzenden Schirmen durch die Pfützen.

An unserer Bahntreppe ist im Sommer ein grüner Fleck, sorglich mit mannshohem Lattenzaun eingefriedet. Damit die Droschkenpferde nicht die Böschung hinaufrasen. Jetzt im Winter ist der Zaun ziemlich überflüssig.

Nein, er ist es nicht. Denn plötzlich mache ich einen Griff nach dem Zaun. Die Frau an meinem Arm bemerkt es gar nicht. Sie sieht nur plötzlich, daß in die Krücke meines aufgespannten Schirms eine andere Krücke eingehakt ist, und an der hängt ein Spazierstock.

»Wo kommt der Stock her?« tönt es durch den prasselnden Regen.

»Ich hab ihn mir gelangt.«

»Woher?«

»Vom Zaun ... er hing am Zaun.«

»Wie kommt er an den Zaun?«

»Weiß nicht. Ich habe immer darüber nachgedacht, wozu der Zaun da ist – jetzt weiß ich's.«

»Und du hast ihn dir einfach genommen?«

»Natürlich – ich kann doch nicht noch eine halbe Stunde im Regen daneben stehenbleiben. Übrigens prima Malakka, zwanzig Goldmark.«

»Und du ... das geht doch gar nicht.«

»Du siehst doch, daß es geht. Hätte ich den Stock da hängenlassen sollen? In jeder Minute gehen fünfzig Leute vorüber, sehen ihn oder sehen ihn nicht – ich habe ihn gesehen.«

»Ob ihn jemand verloren hat?«

»Wahrscheinlich – übrigens ein ordentlicher Mensch, dieser Verlierer. Der schmeißt seine Sachen nicht einfach auf die Straße wie jeder andere Liederjahn, sondern hängt ihn an den Zaun.«

»Vielleicht war er betrunken, dacht', er stünde im Regen wie zu Hause unter der Brause, und fing an, sich auszuziehen. Zuerst hängt er den Stock auf . . .«

»Man zieht sich doch nicht unter der Brause aus.«

»Er war doch betrunken.«

»Hm.«

Endlich waren wir zu Hause. Wir trockneten den Stock ab, dann nahmen wir ihn mit ins Schlafzimmer wie einen zugelaufenen Hund.

»Vielleicht«, sagte ich, »ist der Stock weder verloren noch war der Verlierer betrunken – es war möglicherweise ein ganz normaler Mensch, der morgens mit einem Stock von Hause ausgegangen war, dann aber abends im Regen die völlige Unbrauchbarkeit eines Stockes einsah und ihn einfach von sich abtat.«

Schweigen. Eine Viertelstunde später, man hatte sich schon gute Nacht gesagt – meint die Frau etwas ängstlich: »Du . . . gehst du mit dem Stock aus?«

»Natürlich, sowie die Sonne scheint.«

»Und wenn du nun dem Besitzer begegnest? Es ist ein so wundervoller, ein so charakteristischer Stock. Er erkennt ihn wieder, er kommt auf dich zu, er schlägt dich nieder . . .«

»Womit? Er hat doch keinen Stock.«

»Richtig – den hast du ja«, und schläft beruhigt ein.

[1924]

Der ewige Gruß

Ei, da kommt Herr Knopel. Mit meinen guten Augen erkenn ich ihn auf hundert Schritt. Ach, und man hat so selten die Freude, ihn zu sehen. Früher war er mir direkt unsympathisch. Damals war er nämlich Besitzer unseres Hauses, und er hatte etwa zwanzig solcher Steinhaufen. Wahnsinnig höflich war er nie, er war überhaupt nicht wahnsinnig. Man galt bei ihm als Nummer, und es war ihm so unerhört gleichgültig, wer in einem seiner Steinhaufen wohnte. Deshalb schimpften wir auf ihn immer. Natürlich – begegneten wir uns auf der Straße, so zogen wir voreinander den Hut.

Bis ihm eines Tages die Sache zu dumm wurde und er in kühler Sachlichkeit seine sämtlichen Steinhaufen an eine Aktiengesellschaft verkaufte. Seitdem wir eine Aktiengesellschaft als Hauswirt haben, wissen wir Herrn Knopel zu schätzen. Bei ihm hatte jeder von uns wenigstens eine Nummer. Jetzt sind wir überhaupt nichts mehr, keiner von uns kennt die Aktiengesellschaft, mit der wir nur noch auf dem Prozeßweg verkehren.

Ist es da ein Wunder, wenn ich mich freue, dem guten Knopel zu begegnen? Schon nehme ich den Stock in die andere Hand und ziehe meinen Hut. Herr Knopel richtet seine klugen, kalten Fischaugen auf mich und richtet sie wieder weg. Er bewegt nicht die breiten, dicken Lippen, noch weniger fällt ihm ein, auch nur eine Hand aus der Überziehertasche zu nehmen, um nach dem Hut zu greifen. Er grüßt einfach nicht wieder.

Da krieg ich eine Wut und stelle ihn: »Herr Knopel, ich habe Sie gegrüßt.«

»Na ja, und?«

»Herr Knopel, wir sind persönlich bekannt!«

»Wir waren bekannt miteinander. Sie wohnten in einem meiner Häuser. Ich habe die Häuser verkauft. Da sind wir doch nicht mehr persönlich bekannt miteinander. Das Grüßen kann doch nicht in alle Ewigkeit einfach so weitergehen – sparen wir uns die Mühe.«

Wendet sich um, läßt mich stehen.

Ich aber seh ihm nach, bewundernd. Wahrlich, ein großer Mann, dieser kleine Herr Knopel. Wieviel Mühe könnte man sich sparen, wenn man konsequent nach seinem Rezept verführe. Ich habe zwar nie ein Haus mit numerierten Menschen besessen. Aber habe ich nicht auch drei- bis fünfhundert Bekannte, die ich nicht mehr kenne und vor denen ich aus purer Dummheit den Hut ziehe.

Schon kommt einer mit ausgebreiteten Flossen auf mich zu: »Sind Sie nicht der Herr Vetter von Herrn Pichel?«

»Nein.«

»Aber Sie wohnten doch früher in der Steinstraße.«

»Nein.«

»Aber Ihre Frau spielt doch Klavier?«

»Nein.«

»Aber Sie waren vorigen Sommer in Warnemünde?«

»Nein.«

»Aber Sie haben vor zwanzig Jahren in Heidelberg studiert?«

»Nein.«

»Aber Himmeldonnerwetter, wir kennen uns doch?«

»Natürlich kennen wir uns«, sage ich kühl. »Wenn Sie es durchaus wissen wollen: Sie haben vor genau dreißig Jahren meine Kusine Frieda von der Tanzstunde nach Hause gebracht und ihr bei der Gelegenheit zwei Küsse gegeben, wofür Sie am nächsten Tag von mir zwei Ohrfeigen bekamen.«

»Ach ja, richtig«, sagt er tief geknickt. »Ich bitte vielmals um Entschuldigung«, zieht (noch mal) den Hut, läßt eine von grauen Haaren umstandene Glatze sehen und verschwindet.

Und nun frage ich: War das unbedingt nötig?

Hat nicht Knopel ganz recht?

[1924]

Der Laden und die Brautkutsche

Was ich nie herausbekomme: warum es nun grad so viel Läden gibt, als es gibt. Warum gerade da ein Friseur und dort ein Hutgeschäft.

Und gar in unserm Sträßchen, das so gar keine Ansprüche darauf macht, ein kommerzielles Zentrum zu sein.

Also neben uns hatte ein Friseur seinen Laden. Drin war ich nie, aber ich wünschte dem blonden, bleichen Herrn, der in den Nachmittagsstunden vor der Tür stand und auf Kundschaft wartete, stets alles Gute. So weit konnte ich sehen: Es war ein bescheidener, aber sauberer Laden. Vielleicht hätte ich doch einmal hineingehen sollen.

Eines Tages war er weg. Der Friseur und sein ganzer Laden – das heißt: alles, was so drin stand: die Patentstühle, Spiegel und im Fenster die unwahrscheinlich frisierten Wachsdamen.

Am nächsten Morgen aber begann ein neues Leben. Es kamen Schreiner, Schlosser, Maler. Und als alles fertig war, stand drauf: »Echte Teppiche, Luxusmöbel«. Dazu eine überaus klangvolle Doppelfirma. Das Schaufenster wurde noch dekoriert. Da lag also wirklich ein irgendwie echter Teppich. Auch standen einige Möbel drauf, die ich nie geschenkt genommen hätte, also die Bezeichnung Luxus durchaus verdienten. Ein dunkler Herr, der im Schaufenster hantierte, stellte noch gerade eine bemalte Wasserpfeife auf den Teppich. Das Eleganteste aber war ein eiserner Vorhang, eine Gardine aus Eisenmaschen, die des Abends zugezogen wurde und die deutlich besagte: Besuch von Einbrechern höflichst verbeten.

3 P. Erkens, Nollendorfplatz

Dann beruhigte sich der Laden und ich mich auch. Ich nehme an, daß der dunkle Herr, der keine Kosten gescheut hatte, die Zeit damit zubrachte, auf Kundschaft zu warten.

Ein halbes Jahr hat sich an der Schaufensterdekoration nicht das mindeste geändert. Die Wasserpfeife stand auf dem sozusagen echten Teppich.

Und heute ist der Laden leer. Plötzlich. Am Fenster aber steht ein Anstreicher und malt mit zierlicher Schrift: »Modes«. Durch die große Scheibe sehe ich zwei große weiße Schränke und ein junges Mädchen, das hoffnungsvoll Vorhänge näht.

Oh, ich wünsche Ihnen so viel Gutes, mein Fräulein, denke ich, für die Monate, die Sie an diesem Fenster auf Kundschaft warten werden. Ich habe so viel Bewunderung für den Mut eines Menschen, der sich etabliert, und gerade in unserm Sträßchen.

Gerade kommt eine Kutsche vorbei, mit jungen Apfelschimmeln bespannt. Eine äußerst elegante Brautkutsche. Darin sitzt – noch einsam – ein junger schöner Herr im Frack. Ganz glatt rasiert, hoffnungsfreudig. Ich denke mir, der hat Mut und sich in der Kutsche etabliert. Ob Kundschaft kommt?

Ach, junger Herr, warum fahren Sie nicht zu dem blonden Mädchen im Schaufenster und holen es ab. Wetten möcht ich, daß es erfreut aufspränge, daß es Vorhang, Maler, Laden und »Modes« sein ließe, zu Ihnen in die Kutsche spränge, obgleich es Sie nie gesehen hat. Ach, junger Mann, machen Sie doch einmal ein Wunder!

Aber nein, er macht kein Wunder. Fährt dahin, wo er sich einbildet, erwartet zu werden. Wer weiß, junger Herr, wie das noch ausgeht! Sie sitzen vielleicht jetzt noch in der Kutsche und warten auf Kundschaft. Ihr Herz ist ein Haus, erhellt von tausend Lichtern. Und in dem Hause liegen sozusagen echte Teppiche, und darauf stehen Luxusmöbel. Aber es kommt keine Kundschaft. Sie haben nicht bemerkt, wie eine gewisse junge Dame ohne Kranz und Schleier, in einem dunkelgrauen unauffälligen Kostüm aus dem Hause schlüpfte und um die Ecke strich.

O armer junger Mann. Nun blasen Sie die Lichter in Ihrem

Herzen aus. Oder fahren Sie zu jenem andern jungen blonden Mädchen, fahren Sie zu »Modes«, und machen Sie ein Wunder. Wie? Sie wollen nicht? Sie wollen das nächstemal sichergehen? Sich erst erkundigen, erst darüber klarwerden, was »Modes« für einen Charakter hat? Lieber junger Mann, als ob Sie das je herausbrächten.

Und im übrigen: was haben denn *Sie* für einen?

April 1923

Aphorismen über die Liebe

1

Alle Ratschläge, die in Liebesangelegenheit gemacht werden, sind falsch. Mit Recht werden sie von den Liebenden mißachtet, woraus dann so oft großes Unglück entsteht.

2

Das einzige, was ein Liebhaber von seiner Freundin wirklich verlangen kann, ist ihre Untreue. Nichts ist für ihn unerträglicher als ihre Abkehr aus purer Versandung des Gefühls.

3

Es gibt keinen verlassenen Liebhaber, der nicht seine Freundin »nur noch einmal« sprechen möchte. Warum nicht noch dreimal? Warum nicht noch einen Kuß; oder noch zehn Küsse? Natürlich: unter »einmal sprechen« versteht er zwanzig Küsse.

4

Wenn der Mann die Geliebte auf einer Lüge ertappt, ist das für ihn eine sehr große Angelegenheit von grundsätzlicher Bedeutung. Selbst wenn es sich nachher herausstellt, daß es gar keine richtige komplette Lüge gewesen ist, bleibt genug, um einer Inkorrektheit symptomatischen Wert beizumessen. Der Mann ahnt nicht einmal, wieviel er selbst lügt.

5

Bis zu welchem Grad der Mann unfähig ist, eine Frau zu begreifen, das ahnt er erst beim Anblick des glücklicheren

Nebenbuhlers. Niemals versteht ein Mann die spätere Wahl der Geliebten. Und wenn sie ihn offensichtlich äußerer Vorteile wegen verlassen hat, seufzt er und sagt: Wie unglücklich muß sie sein!

6

Jammervoll ist die Lage des Mannes, der sich in gesundem Selbstgefühl sagen darf oder dem es auch noch bestätigt wird, der Nachfolger sei ein Mann von ungleich geringerer geistiger Qualität, seelischer Verfeinerung. Er kann es nicht begreifen, daß seine eigene seelische Verfeinerung in den meisten Fällen die Quelle seines Unglücks ist.

7

Die Liebe, über die noch geredet werden muß, ist nicht mehr der Rede wert.

8

Wirklich treu ist nur der Unglückliche, und auch der nur, wenn er das Glück hat, eine völlig menschenleere Insel zu bewohnen.

9

Eine unglückliche Ehe ist ein Kinderspiel – aber eine glückliche – das will durchgemacht sein!

10

Es war einmal ein Dichter, der die planmäßige Gepflogenheit hatte, alle Liebschaften, die er darstellte, in ein ungewisses Licht zu rücken. Die Leser seiner Romane waren infolgedessen sehr unzufrieden mit ihm. Eine junge Dame, die seiner habhaft wurde, fragte ihn über eine seiner Romanfiguren: »Hat sie ihn nun wirklich geliebt?« Der Dichter ärgerte sich mächtig über die dumme Frage und setzte der Dame auseinander, daß es in der Liebe überhaupt »wirklich« nicht gebe, daß jede Liebe anders sei.

Trotzdem konnte der Dichter nicht verhindern, sich in jene Dame zu verlieben. Als sie ihm um den Hals gefallen war und er ihr den ersten Kuß auf den Mund drückte, fragte er sie beglückt: »Liebst du mich nun wirklich?«

Und als sie ihn später verließ, war sein letztes, verzweifeltes Wort: »Hast du mich nun wirklich nicht mehr lieb?«

Dieser Dichter war ein Narr.

11

Die Geschichte des Grafen von Gleichen wird nie zu Ende erzählt. Jawohl, er war mit beiden Frauen glücklich. Er fühlte sich stark genug, beide zu lieben, und sein Leben war ein Fest. Aber es geschah, daß die beiden Frauen nicht gleich glücklich wurden. Sei es, daß die eine (es war die zweite) dennoch glaubte, nur einen halben Mann zu besitzen – sei es, daß sie verliebten Einflüsterungen eines andern Gehör schenkte ... sie verließ ihn.

Der Verlust traf den Grafen mit tödlicher Wucht. Er war unfähig, sich mit dem halben Glück zu begnügen, das ihm doch geblieben war; ging hin, ließ sich scheiden, und zwar von allen beiden.

12

Der Verlassene, der in seiner Geliebten auch eine Freundin zu besitzen glaubt, begeht oft den Fehler, sich bei der Freundin über die Geliebte zu beschweren. Dabei verliert er gewöhnlich auch noch die Freundin. Viel öfter hätte er Anlaß und Recht, die Freundin bei der Geliebten zu verklagen. Denn die Freundin hätte es sein müssen, die dafür sorgte, daß ihm unnötige Schmerzen, Qualen der Unsicherheit erspart blieben.

13

Treue und Untreue sind nur zwei verschiedene Ausdrücke für dieselbe Sache: für die Liebe.

April 1923

Rätsel der Seele

Auf einem Untergrundbahnhof traf ich gestern den elegantesten, smartesten Mann meiner Bekanntschaft. Ich kenne nicht sein Bankkonto, wohl aber die großzügige, zuweilen verschwenderische Art, Geld auszugeben. Frisch, wohlgenährt, prächtig gekleidet stand er vor mir. Wir freuten uns miteinander, aber ich beeilte mich mit dem Gespräch, denn ich wußte, wenn der Zug einfuhr, mußten wir uns trennen, und ich bereitete schon die Phase vor, mit der ich ihm schonend mitteilen wollte, daß ich dritter Klasse fahre – und er war ja eben jeder Zoll zweiter.

Wie erstaunt war ich, als er plötzlich die von mir selbst gedachten Worte sprach. Er bäte mich um Entschuldigung, er wolle mich nicht etwa veranlassen, mein Billett zweiter unausgenutzt zu lassen. Aber er fahre prinzipiell dritter, natürlich nicht wegen Billigkeit, sondern weil man in der dritten manchmal sitzen könne, während man in der zweiten immer stehen müsse. Außerdem seien die Leute der dritten Klasse besser erzogene Menschen ... Aber ich solle mich nicht stören lassen. Ich entpuppte mich nun auch; nur aus den von ihm angeführten Gründen führe auch ich immer dritter.

Dann kam der Zug, wir stiegen ein, natürlich fanden wir keinen Sitzplatz, wurden von den besser erzogenen Leuten hin und her gestupst, plauderten allerhand und trennten uns vergnügt erst auf der Straße.

Auf der Rückreise, zwei Stunden später, nahm ich aus einem mir völlig unbekannten Grunde eine Fahrkarte zweiter.

Ich betrat einen fast leeren Wagen der zweiten Klasse, aber wen fand ich darin? Den elegantesten, smartesten Mann meiner Bekanntschaft. Wir sahen uns verlegen und schuldbewußt an, wie zwei Ehegatten, die sich gegenseitig bei was ertappt hatten.

»Nun fahren wir doch zweiter«, sagte ich mit katastrophalem Stimmklang.

»Ja«, gestand er kleinlaut. »Merkwürdig – wieso nur? Die menschliche Seele ist doch voller Rätsel.«

Ich versuchte, mich zu erinnern, und sprach: »Vielleicht tat ich es doch unter Nachwirkung unseres Gesprächs. Zum ersten Male nach langer Zeit prüfte ich den Preisunterschied, und die Differenz beträgt nur fünfzig Mark. Um diese Zeit ist die zweite Klasse wirklich leerer.«

Und er sagte tiefsinnig: »Manchmal trifft man auch in der zweiten Klasse einen Bekannten, mit dem sich ganz gut plaudert . . .« Da unterbrach er sich plötzlich und sagte: »Außerdem wollte ich vielleicht eine Ihnen angetane Taktlosigkeit wiedergutmachen –«

»Mir gegenüber waren Sie doch nicht taktlos.«

»Aber sicher – habe ich Ihnen nicht zu einer Zeit, als ich Sie selbst noch für einen Bürger der zweiten hielt, gesagt, daß die besser erzogenen Menschen in der dritten Klasse fahren? Angenommen, ich hätte recht damit, so wäre es eine Anmaßung von mir, nachdem ich das gesagt habe, noch dritter zu fahren. Ich muß es auf mich nehmen, und ich werde in Zukunft nur zweiter nehmen.«

»Nein, mein Freund, Sie haben ein Recht auf die dritte. Als wir nämlich den Bahnsteig verließen, sah ich genau, daß Sie dem Schaffner eine Karte zweiter überreichten. Sie hatten das mit der dritten Klasse nur gesagt, weil Sie annahmen, daß ich dritter führe. Sie wollten mir eine Beschämung ersparen und bekannten sich zum begeisterten Anhänger der dritten.«

Er errötete leicht und lächelte. »Sie sind ein genauer Beobachter, vor Ihnen muß man sich in acht nehmen. Aber es ist doch wirklich ganz egal. ›Beschämung ersparen‹ ist wohl ein zu großes Wort – die Sache ist nicht der Rede wert.«

Er lächelte auf geschmeichelte Weise noch eine ganze Weile, und auch das Erröten schwand nicht sobald. Ich bin nämlich wirklich ein genauer Beobachter, und die Karte, die er abgegeben hatte, war tatsächlich eine – dritter.

April 1923

Psychologische Einstellung

1

Psychologie ist deshalb so schwer, weil der andere gewöhnlich auch ein Esel ist.

2

Es gibt unzählige Beispiele dafür, daß geringere Menschen sich vorzüglich auf Wesen höherer Art eingestellt haben. Sekretäre, Kammerdiener, Zofen, Souffleure, Barbiere, Kapellmeister gaben unwiderlegliche Proben der sichersten Einfühlung in große Staatsmänner, Könige, geistreiche Frauen, geniale Schauspieler und Komponisten. Das Unglück ist sofort da, wenn der Staatsmann ein Esel, der König ein Narr, die Frau eine Pute, der Schauspieler ein Stümper und der Komponist ein Dilettant ist.

3

Der vergangene Krieg wurde mit einer Erfindung gewonnen, die in keinem Kriegslaboratorium der sich gegenüberstehenden Länder gemacht wurde, sondern in dem Genie eines Volkes. Die Erfindung ist das Wörtchen »Boche«. An und für sich bekanntlich gar kein so arges Schimpfwort. Aber eine Bezeichnung von unübertrefflicher Durchschlagskraft. Wir Deutsche haben in der Kriegspropaganda – sogar dem eigenen Volke gegenüber – sehr langatmige Erklärungen abgeben müssen, wieso, warum, wozu. Was haben wir den Neutralen für fein abgewogene, vortrefflich gegliederte, tiefsinnig (ohne Ironie!) begründete Geschichten erzählt! Ich bin ehrlich überzeugt, wir waren im Recht. Aber die anderen verstanden sich nicht auf die Psychologie, die wir ihnen gegenüber anwendeten. Als die Franzosen dagegen das Wort »Boche« aussprachen, da wurden sie in der ganzen Welt verstanden, obgleich die Bedeutung des Wortes niemand wußte und seine Herkunft in Frankreich selbst Millionen vollkommen unbekannt war. »Boche« konnte und brauchte nicht übersetzt werden. Es war von der gleichen Wirkung auf die erste französische Herzogin wie auf den letzten Neger im Herzen Afrikas.

4

Zu den feinsten Psychologen gehört bekanntlich die Rasse der Hunde. Man stelle sich eine über die ganze Erde verbreitete Bevölkerungsschicht vor, die davon lebt, daß sie durch Pfötchengeben und Männchenmachen, durch Schwanzwedeln und treue Blicke ein gerührtes Lächeln erzeugt und damit nicht nur freie Station, sondern auch Bezahlung der Steuern erwirkt. Ich habe gerade diese bescheidensten Hundekünste erwähnt, weil die größte Ausnützung der bescheidensten Arbeit gerade die feinste Psychologie voraussetzt. Damit soll nicht bestritten werden, daß der Hund als Wächter, Detektiv und Jäger auch ganz erstaunliche Proben seiner Einführungskunst abgibt.

Aber alle Psychologie hilft nichts gegenüber einem Herrn, der aus Not oder Laune sich entschlossen hat, nächsten Sonntag Hundebraten zu essen. Vergebens würde man einem solchen Herrn auseinandersetzen, daß er mit diesem Schlachtfest eine Torheit beginge. Daß es eine unnütze Grausamkeit sei, am Sonntag einen Hund zu essen, wenn man das Verhungern dadurch nur um einen Tag hinausschiebt. Daß die schmackhafte Zubereitung dieses Tieres zuviel Fett und Gewürze beanspruche, um sich überhaupt auszahlen zu können. Daß der Verkauf des Hundes lukrativer sei als seine Aufopferung. Denn auch ein Hund ohne die Merkmale einer besonderen Rasse stelle eine Summe seelischer Qualitäten, wie Treue, Wachsamkeit, Psychologie, dar, die sich deshalb in Geld ausdrücken läßt, weil die Treue des Hundes die einzige ist, die sich übertragen läßt.

Indessen muß man bekümmert annehmen, daß ein Herr, der einmal zu solchem Entschluß gelangt ist, sich weder durch Gründe der Vernunft noch des Herzens davon abbringen lassen wird.

5

Diese Einsicht ist – um wieder vom Hund auf den Menschen zu kommen – insbesondere bekümmernd für eine Nation, die sich der letzten Machtmittel beraubt sieht. Vergebens ruft sie die klügsten Männer an die Spitze ihres Staatswesens und erwartet von ihnen, daß sie bei vollkommener Einfühlung in die Psyche des Gegners der geprüften Nation wenigstens die pure Lebensmöglichkeit bewahren. Man erwartet von ihnen Geschmeidigkeit des Kammerdieners, die Schlagfertigkeit des Souffleurs, die kunstvolle Beherrschung der Mittel eines Kapellmeisters, die genaue Pünktlichkeit des Sekretärs – lauter Rollen, die sehr dankbar, sehr geschätzt sind und schließlich auch entsprechend belohnt werden, wenn der Staatsmann als groß, der Schauspieler als ein Talent, der Komponist als ein Genie angesprochen werden kann.

6

Leider aber ist Psychologie deshalb so schwer, weil der andere gewöhnlich auch ein Esel ist.

April 1922

Der Nasologe von Berlin

Wöchentlich einmal spricht der »Phreno- und Physiognom« Reinhold Kohlhardt in irgendeinem Berliner Saal über die Bedeutung der Nase im menschlichen Gesicht, mit besonderem Bezug auf seelische Veranlagung und Berufsübung. Gestern geschah es in der Lyzeumsaula der Prinzenstraße vor etwa einem Dutzend Nasen. Eine davon hatte sich tief gesenkt, und die dazu gehörige alte Dame schlief schon zehn Minuten, bevor das Fest begonnen hatte.

Der Vortrag selbst war so schwer, daß der Nasologe ihn gar nicht allein halten konnte. Er hatte sich einen resoluten Herrn mitgebracht, der, die Anwesenden begrüßend und die Phrenologie für wichtig haltend, auseinandersetzte, der Vortragende werde den Beweis dafür antreten, daß sich der Charakter des Menschen in seiner gesamten Kopf- und Gesichtsform ausdrücke.

Harthold Reinkohl trat diesen Beweis indessen gar nicht erst an, denn wenn auch die Seele des Menschen im Gehirn sitze, so könne man auch schon an der Nase viel sehen, und heute wolle er justament nur über Nasen sprechen. Der schlanke, sympathische, kandidatenförmige Herr öffnete einen großen Koffer, entnahm ihm große, auf Pappe gezogene Umrißzeichnungen und sagte: »Dies ist eine pessimistische Nase. Der Mensch, der traurig ist, geht gebückt, er läßt die Mundwinkel hängen, die Augenwinkel schieben sich herab, und auch die Nase verlängert sich infolgedessen nach unten. Deshalb ist das eine pessimistische Nase. Natürlich sitzt die Seele nicht in

4 Signoli (ohne Titel)

der Nase, sondern im Gehirn. (Aber heute wolle er eben von Nasen sprechen.)

Dies ist eine optimistische Nase. Der heitere, freudige Mensch geht aufrecht, seine Blicke sind nach oben gerichtet, und auch seine Nase strebt nach oben. Natürlich sitzt die Seele nicht in der Nase, sondern im Gehirn. (Aber heute . . .)

Dies ist die Judennase. (Und er zeigte eine fabelhafte.) Der Erwerbssinn ist in ihr außerordentlich entwickelt. So eine Nase wie diese Nase kommt allerdings heute sehr selten vor. Seitdem die Juden in der Berufswahl nicht mehr so beschränkt sind und sich auch andern Betätigungsgebieten zuwenden können, hat sich auch ihre Nase verändert. Denn mit der veränderten Veranlagung oder Stimmung kann sich auch die Nase ändern. Ein mißtrauischer, pessimistischer Mann kann, wenn er seine Sinnesart ändert, auch seine Nase ändern. Natürlich geht das nicht von heute auf morgen, sondern sehr langsam. Denn die Seele sitzt bekanntlich nicht in der Nase, sondern im Gehirn.

Das sind Lippen (der Nasenvorrat war offenbar ausgegangen), die Liebessehnsucht ausdrücken. Solche Lippen kommen meistens bei jungen Leuten vor. Natürlich sitzt die Seele auch nicht in den Lippen, sondern, wie ich schon mehrfach hervorgehoben habe, im Gehirn.

Das sind Lippen, die auf eine sehr edle Denkungsart schließen lassen. Diese Lippen sind sehr schön und edel geschwungen. Worin die Schönheit besteht, muß man eben fühlen, zu erklären ist so was sehr schwer. Dazu ist die Sprache zu arm . . .«

Hier ließ der Reinhard Kohlhold eine Pause eintreten, und die anwesenden Nasophilen schöpften Atem. Sogar die alte Dame öffnete für einige Augenblicke die Augen.

September 1921

Das Café

Es war einmal sehr hell, sauber und freundlich; die Ausmaße der hochgewölbten Decke gaben ihm einen Zug ins Großartige, und die wohlgepflegten Bürger kamen, um sich einander in ihrem Staat zu zeigen. Auch kostete die Melange fünf Pfennig mehr als woanders, so daß man eine gewisse Exklusivität mit genoß.

Heute, wo niemand mehr nach fünf Pfennigen fragt, wird an der Beleuchtung gespart. Die Ausmaße der gewölbten Decke sind noch von derselben Großartigkeit, aber es ist nur eine matte Helle, die sich abstuft zu einer fatalen Dämmerung. Der Linoleumboden ist von einer nässenden Schlammschicht überzogen.

In der Dämmerung sitzen hundert oder zweihundert Menschen. Wer einen Platz auf den Wandsofas bekommen hat, liegt weit zurück, wie versunken. Die anderen hocken auf ihren Stühlen.

Es sind nicht mehr die wohlgepflegten Bürger von einst; noch bis vor kurzem hielt sich an den Nachmittagsstunden ein Tisch kluger alter Männer, die es zu etwas gebracht. Auch ein Kaffeekränzchen alter Tanten war ziemlich seßhaft. Nun ist das auch zu Ende. Eine Bürgersfrau gibt es noch.

Sie ist mit den versprengten Resten der aus ihrem »Kleinen Café« vertriebenen Kunstzigeuner hier herübergezogen. Sie hatte nie zu den Zigeunern gehört, aber es muß für sie eine Lebensnotwendigkeit sein, die gleiche Luft zu atmen. Sie kam als blutjunge Frau, und ihre dunklen Augen suchten in jedem

Eintretenden Sensation. Nun sind die Haare grau, die Wangen gefurcht, die Lippen erschlafft; aber die Augen sind schwarz und lebendig und suchen in jedem Eintretenden Sensation.

Von den eigentlichen, den Edelzigeunern, sind wenig verblieben. Kein fester Tisch will sich mehr bilden. Ein paar Bekannte treffen sich, täglich in anderer Zusammensetzung. Man ist leicht angegraut. Ohne Freude und Teilnahme findet man sich zueinander. Gespräche haspeln sich ab, ohne Inanspruchnahme des Gehirns, aus der Gewohnheit der Lippen. Die Kämpfe sind vor fünfzehn Jahren ausgefochten; damals schieden sich die Gruppen nach Welt- oder Kunstanschauungen; zuweilen war man feindlich, man grüßte sich nicht mehr. Nun ist alles vorbei, man macht sich nicht mehr die Mühe, anderer Meinung zu sein. Noch weniger hat man Kraft, die eigene Meinung aufrechtzuerhalten. Es kommt so gar nicht darauf an. Möge doch die neue Generation . . .

Da kommt einer der Alten, mit suchenden Augen. Er fängt den Blick irgendeines Fremden auf, der sich zu seinem Nachbar beugt und scheinbar über den Eintretenden was sagt.

Er hat mich erkannt, sagt sich der Alte, und für einen Augenblick ist sein Stolz nicht unbefriedigt; dann aber blitzen Spuren einstiger Laune: Vielleicht hat er dem anderen bloß gesagt: Das ist auch so ein alter Trottel von früher. Und es wäre doch sein Recht – haben wir damals vor zwanzig Jahren über die Alten nicht ebenso gesprochen? Und haben wir nicht recht gehabt? Und hatten die Alten nicht Angst vor uns?

Er sieht sich um unter den fünfhundert fremden Menschen, er sucht die neue Generation; er findet sie nicht. Vielleicht erkennt er sie bloß nicht. Dann sinkt er auf ein Sofa wie ein schwerer müder Sack.

Wer sind die hundert oder zweihundert, die auf den unbequemen Stühlen hocken, vor sich hin starren, reden, ohne zu plaudern – in den Zeitungen blättern, ohne zu lesen?

Man weiß es nicht. Die trübe Dämmerung macht sie alle grau und fahl, vertieft die Schatten um Auge und Nase, macht die Lippen welk. Sie sitzen und warten, aufrecht oder geduckt, sie warten, daß einer kommt oder daß der Zeiger der Uhr weitergeht. Sie warten ohne Hoffnung darauf, daß irgend etwas sich ändere.

Es sind Kaufleute dabei, viel russische Kaufleute. Sie denken vielleicht an das nächste Geschäft, aber sie bilden sich nicht ein, daß sie morgen woanders sitzen und warten als gerade hier. Es sind Filmschauspieler dabei; sie denken an das Engagement, das sie in der Tasche haben, aber sie werden froh sein, auch morgen hier sitzen zu können. Da hockt ein trauriges Mädchen. Oh, dieses Leben ist so außerordentlich schwer; man wartet's ab im Café. Eine andere hat sich bunt gemacht, mit Seide, Wolle, Schminke. Sie hat sich weit zurückgelehnt, raucht unternehmungslustig. Die ist wohl neu. Wundert sich bloß, daß niemand sie beachtet.

Es ist nicht laut in diesem Hause. Nur ein tiefer surrender Ton ist hörbar. Auch kein lebhaftes Löffelklirren. Man setzt sich; der Kaffee wird hastig getrunken, das Stück Kuchen rasch verschlungen. Dann kommt das Warten.

Es ist auch ein Japaner dabei, ein kleiner, gelblich blasser, mit höchst lustigen Augen. Er sieht sich die müden, verbrauchten Menschen sehr genau an. Er versteht sich schon auf das europäische Antlitz. Wenn er glaubt, an einem der grauen, mürben Menschen die Anzeichen der Verzweiflung zu sehen, dann ist sein Auge besonders lustig.

Januar 1922

Die entschlemmerte Diele

Endlich ist der Geist des Herrn von Kahr* bis an die Spree gedrungen. Der wird Augen machen, wenn er eine Berliner Diele betritt! Nun kehret Zucht und Ordnung, segensreiche Himmelstochter, bei uns ein. Es war aber auch höchste Zeit, daß das Schlemmen in den Dielen verboten wurde.

Im Ernst gesprochen: Die neue Verordnung wird sehr viel, vielleicht sogar das Entscheidende zur Vergeistigung des Berliner Dielenwesens beitragen. Das Volk hatte in der Tat nicht mehr das rechte Bewußtsein davon, was eigentlich eine Diele ist und weshalb man eine solche besucht.

Die Diele, wenigstens im Sprachgebrauch des zwanzigsten Jahrhunderts, ist zunächst ein angenehmer, wohltuend erwärmter Raum, ausgestattet mit allen Künsten, deren unsere moderne Innenarchitektur fähig ist. Hübsch lackierte Stühle, weiche Polster laden zum Verweilen. Bunte Vorhänge erfrischen das am Alltag abgestumpfte Auge, traulich beschirmte Lampen winken von jedem Tisch. Was ist natürlicher, als hier, friedlich bei der Lampe, ein gutes Buch zu lesen? Nirgends findet man mehr Behagen, mehr Muße, mehr Möglichkeit zur Konzentration. Aber die Diele bietet auch die Möglichkeit zu geselligem Genuß. Da ist zunächst der Stehgeiger mit seiner vortrefflichen Kapelle, deren klassischen Weisen zu folgen nur

* Gustav Ritter von *Kahr* (1862–1934); 1917 Regierungspräsident von Oberbayern, führendes Mitglied der Bayrischen Volkspartei; Militarist und Monarchist. Wurde 1920 im Gefolge des Kapp-Putsches bayrischer Ministerpräsident.

von moralischem Gewinn sein kann. Und dann überhaupt: die feine Form der Geselligkeit, die nirgend anders so genossen werden kann wie in Bars und Dielen. Da gibt es zum Beispiel Damen, hübsche, junge, gut gekleidete, in den besten Gesellschaftsformen erzogene. Und wie heiter zwanglos wickelt sich alles ab. Förmliche Vorstellung ist überflüssig, auch nicht immer ratsam. Man lächelt, ein seelenvoller Blick genügt oft, um Sympathie und Verständnis hervorzurufen. Man setzt sich zusammen, man plaudert. Man ist um keinen Unterhaltungsstoff verlegen. Die Welt ist voll von Sorgen und Kummer; hier schüttet man sein Herz aus, hier bespricht man die großen und kleinen Probleme des Tages: die Zentralheizung, die Butterpreise und vor allem Fragen der Kindererziehung und Säuglingspflege. Auch gelegentliche Bemerkungen über Kunst und Literatur finden verständnisvolle Würdigung. Am Ende beugt man sich galant über die zuweilen gewaschene Hand und geht, an Herz und Nerven gestärkt, nach Hause.

Das ist eine Diele, eine wirkliche Diele. Und man darf mit der Regierung fragen, was an einem solchen Ort nun noch mit übermäßigem Essen und Trinken bewirkt werden soll! Mit Recht wird es besteuert.

Ich, wenn ich mit meiner Familie in eine Diele gehe, trage in der linken Hand ein paar gute Bücher, in der rechten das Stullenpaket. Mein Junge hat seine englische Grammatik, mein Töchterchen ihre Buntstifte, meine Frau die von ihr unzertrennliche Handarbeit. Abends um neun packe ich regelmäßig das Stullenpaket aus, während Mutter in die Küche geht (der alte Brauch . . .) und den mitgebrachten Malzkaffee kocht. Ab und zu werfe ich einer der hübschen jungen Damen einen seelenvollen Blick zu und biete also ein Bild, in dem sich altväterische Zucht mit weltmännischer Grazie verbindet.

Der Nation ein Vorbild. September 1922

Abschiedsvisite bei Castan

Nur auf diesem Wege anstandshalber die Mitteilung, daß ich dir, lieber Castan*, heute einen heimlichen Abschiedsbesuch gemacht habe. Mittwoch wird dein Panoptikum versteigert. Einmal wollte ich noch sehen, was eigentlich bei dir los war.

Die Heimlichkeit war nicht sehr freiwillig. Ich ging rasch in den großen Restaurationssaal, in dem von Tischen, Stühlen, Waffen, Bildern ein ziemliches Durcheinander herrschte. Einen einsamen Herrn sah ich bei einem halben Glase Bier sitzen. Ich ging nur zwei Schritte auf ihn zu – dann erkannte ich: Das ist immer noch der gleiche Herr aus Wachs, der seit meiner Kindheit Tagen an dem Tische saß und von so vielen Provinzlern angesprochen wurde: Wieviel Uhr es denn sei – oder so. Das Wiedersehen mit mir ging nicht ohne Erschütterung vor sich. Damals war der einsame Herr viel älter als ich. Heute, nach mehr als dreißig Jahren, bin ich etwas älter als er – oder viel, viel älter.

Ein Arbeiter ging durch den Raum. Ich bat um die Erlaub-

* Während Paris und London schon um die Wende vom 18. zum 19. Jahrhundert mit einem Panoptikum aufwarten konnten, erhielt Berlin ein Wachsfigurenkabinett durch die Brüder Louis (gest. 1908) und Gustav (gest. 1899) *Castan* erst etwa gegen 1870. Von 1873 bis 1888 befand sich die Castansche Sammlung im Obergeschoß der sogenannten Kaisergalerie, Unter den Linden (Ecke Behren- und Friedrichstraße). Dann zog man aus Platzgründen in den »Pschorrpalast«, Friedrichstraße 165. Nach dem Tode von Gustav Castan wechselte das Panoptikum mehrmals seinen Besitzer. Im Februar 1922 kamen die Figuren unter den Hammer.

nis, eine Besichtigung vornehmen zu dürfen. Man wies mich auf eine kleine Treppe, dort, im zweiten Stock, seien die Herren, die etwas zu erlauben hätten.

Auf der Treppe las ich die Worte: »Zur Schreckenskammer«. Schon zwängte sich aus vergittertem Fenster ein Sträfling zur Flucht. Mein Herz stand still. An die Schreckenskammer hatte ich nicht gedacht. Nichts hatte ich als Kind mehr gefürchtet als diese Treppe, und nie hatte ich sie betreten. Und jetzt wollte ich so einfach – weil die Herren gerade oben seien –, so geschäftsmäßig kühl da hinaufgehen? Ich mußte mich zusammennehmen. Ich stieg hinauf, ich trat ein. Die Herren waren gar nicht da – aber etwas anderes, Fürchterliches stürzte sich auf mich: das entsetzlich schweigsame Alleinsein mit fünfzig wächsernen Mördern und Mörderinnen. Sie standen herum, ihre abgeschlagenen Häupter hingen an den Wänden. Folterinstrumente, Beile, schreiende Menschen, gemartert von der erfinderischen Justiz aller Jahrhunderte – und ich allein, wieder das gequälte Kind, das unten an der Treppe wartete, während die älteren Geschwister so ruhig hinaufgegangen waren –. Fort, nur fort!

Ich stolperte die Treppe hinunter. Erst vor Dornröschen beruhigte ich mich. Nun bewegte der Elektromotor nicht mehr ihren Busen, der früher so regelmäßig auf und nieder ging. Dann kam ich zu den Riesen, deren Namen ich früher so genau kannte und die ich nun alle vergessen habe. Und daneben stand noch immer Herr Ulpts, der Zwerg, den ich doch noch lebendig gekannt hatte. Damals, als ich ein Kind war, gab's noch Zwerge.

Ich trete an einen vergitterten Balkon, und ich sehe hinab in den berühmten Kaisersaal, in dieses feierlich tote Gewimmel von wächsernen Gestalten! War hier nicht einst die Kaiserproklamation nachgebildet? Die beiden Gardes-du-Corps in rotem Wams stehen immer noch zu Füßen des Podiums. Aber dann, das weiß ich auch noch, stand Wilhelm der Zweite vor dem Thronsessel. Er ist nicht mehr da; an seiner Stelle sitzt, grausig puppenhaft von Hermelin umflossen, Friedrich der Erste, König von Preußen – den letzten hat der erste abgelöst.

5 Ernst Aufseeser (ohne Titel)

Links von ihm erkenne ich eine feldgraue Gruppe: Hindenburg und Ludendorff.

Mir ist, als hätte wer geseufzt. Ich blicke auf. Dort drüben ist noch ein Balkon, über ihn lehnt sich eine dunkle schlanke Dame. Hat sie geseufzt? Aber nein, sie ist ja aus Wachs und wartet nur, daß sie unter den Hammer kommt.

Es zieht mich hinunter in den Saal der prunkenden Uniformen. Bismarck, Moltke, Prinz Friedrich Karl – sie haben ihre stolze, ablehnende Haltung mir gegenüber seit dreißig Jahren bewahrt. Da Kaiser Friedrich – daneben an der Wand doch noch Wilhelm der Zweite. Kein Lüftchen bewegt seinen Federbusch. Welch wächserne, gläserne Öde in dieser Fürstengruft! Eine Bewegung, eine einzige, und es müßte klirren von Orden, Ketten, Waffen. Nichts. Nur ich – lebe. Eigentlich sind sie alle wehrlos, auch Sie, Herr Poincaré mit dem Ordensband, und ihre britische Majestät ...

Und Goethe, Schiller, Wagner, Rubinstein – mußte das sein? Hat das sein müssen, lieber Castan? Da steht auch Ebert neben Scheidemann. Weiß Gott, niemals war ich so überzeugt vom Vorzug der Unberühmtheit.

Da – ich lache hell auf! Ihr seid auch noch da, ihr geliebten Vexierspiegel? Wer kann da widerstehen? Ich will ganz allein über mich lachen. Ich mach mich ganz dick, und ich zerfließe in die Breite. Ich schneide eine Grimasse – ha, mein Mund reicht von Paris nach Petersburg. Und nun ganz dünn. Ich will doch probieren, ob ich so aussehen kann, wie ich eigentlich aussehen möchte – so ist es gut. So ungefähr. Das ist mein seelisches Format. Wenn ich mich so fotografieren lassen könnte ... Ich dreh mich nur halb – was ist das? Mein Bauch ist gewölbt, geschwollen, ein Ballon – ich lache laut – mich erschreckt mein eigenes Lachen. –

Fort – hinaus. Adjö, lieber Castan. Hinaus auf die graue, trübe Friedrichstraße. Sie ist verwahrlost, im Straßenschmutz liegen Bettler, an den Ecken schreien die Händler. Jawohl – wir haben einen Krieg verloren; aber wir sind nicht aus Wachs, wir leben.

Zusammenfassend, lieber Castan: Als ich ein Kind war,

hast du mir wohl Spaß gemacht. Heute warst du ein schwerer furchtbarer Traum. Und ich weiß nicht, welcher deiner Säle keine Schreckenskammer war.

Und nun ziehe in Frieden. Ich weiß, deine Lebensarbeit ist nicht tot. Deine Puppen werden nicht zerschlagen, nur versteigert. Sie werden sich da oder dort auftun, und das Volk wird staunen, und die Kinder werden gaffen und sich fürchten.

Aber ich bin von dir erlöst – für den Rest meiner Tage.

Februar 1922

Wenn Frauen boxen

Oh, Kowatsch Ilona – welches ungeheure Glück, mit dir nicht verheiratet zu sein! Täglich wandern tausend Menschen ins Metropolkabarett, freuen sich über Tänzerinnen, Komiker und Akrobaten; aber des wahren Glückes werden sie erst leibhaftig, wenn sie dich boxen sehen, Kowatsch Ilona.

Du fielst mir gleich auf, als du mit deinen elf boxenden Gefährtinnen in den Ring tratest zur gemeinsamen Vorstellung. Mit euren Wadenstrümpfchen, in schwarzen Röcken und weißem Sweater erschienet ihr wie hübsche zutunliche Tiere. Die korrekte Bravheit, mit der ihr kamt, euch verbeugtet und wieder ginget, erschien mir sogar als ein Muster von Dressur, wie man es bei Frauen selten erreicht. Indessen als du, Kowatsch Ilona, nur den Kopf zum Gruße vorstrecktest – die dumpfen wilden Augen uns sehen ließest –, dachte ich gleich: Nicht allein mit dir im Wald möcht ich wandeln, unter gar keinen Umständen!

Was sind deine Kolleginnen, die vor dir in den Ring traten, für taubenähnliche Wesen. Schon die Namen – Mitzi, Franzi, Pepi, Anni, Fritzi – wie klingt das lieb und nett gegen dein dräuendes Ilona. Und diese andern beboxten sich nicht ohne Anmut. Man hat es euch ja auch etwas erleichtert. Ihr braucht nicht bis zur Kampfunfähigkeit zu raufen. In dem »Ring« ist noch ein engeres Feld mit Fähnchen abgesteckt; wer mit beiden Füßen außerhalb des Feldes steht (oder liegt), ist besiegt.

Wie nett und anständig besiegen die blonde Steffi, die dunkle Pepi ihre Partnerinnen! Man watscht sich die braunen

Boxhandschuhe um die sorgfältig geschminkten Wangen – der tapfere, messende, aufmerksame Blick aus Franzis schönen Augen ist sogar eine kleine Sehenswürdigkeit, und keinem Mann wäre es unangenehm, so betrachtet zu werden. Wird die Runde abgepfiffen, so ist die Helferin nicht nur um Kühlung für die Ruhende besorgt, sie bringt auch die Löckchen unter der weißen Kampfhaube in Ordnung. Jawohl, dem Spiel eurer Kräfte sah ich gerne zu. Denn Zierlichkeit blieb eurem Kampf nicht fremd, und Mut und Geschicklichkeit, auch des Sportes Ehrsamkeit widersprachen nicht eurem Weibsein!

Dann aber kam Ilona. Mit dunkler Wut betrachtete sie schon vom Stuhle aus ihre Gegnerin, die blonde Fritzi aus Bayern – ein Pfiff: Ilona springt auf wie ein wildes entfesseltes Raubtier. Die eigene Wut scheint ihr nicht groß genug, sie stößt wütende Zischlaute aus, gellende Kriegsrufe. Ob dieser Unsportlichkeit ist das Publikum halb empört – halb belustigt. Nur die Belustigung wächst zum Taumel. Denn Ilona hüpft dröhnend, wie auf vier Füßen, um die Gegnerin, sie schreit, sie rast, sie tobt. Mit den Händen teilt sie verbotene Püffe aus – aber sie begnügt sich nicht mit den Händen. Als ihr unversehens die Partnerin auf die Zehen tritt, heult Ilona wild auf, erst in Schmerz; dann in Wut. Sie versucht den Fußtritt zu erwidern. Trotz der warnenden Pfeife boxt sie weiter oder hört auf zu boxen, umschlingt den Hals der Gegnerin. Der Schiedsrichter will sie trennen, da stürzt sie sich auf ihn, um ihn regelrecht zu verprügeln. Er besinnt sich auf seine Würde und gibt ihr eine schallende Ohrfeige. –

Pause. – Ilona ruht mit zitternden mächtigen Flanken, Arme, Beine weit von sich gestreckt. Das Auge in wirrer Versunkenheit, Haß, Rache speiend. Noch einmal geht es zum Kampf – Ilona besinnt sich auf keinen Schlag mehr, der erlaubt ist. Sie stößt mit den Füßen, sie heult, sie zischt; das Publikum schreit: »Raus, raus!« Da schlägt Fritzi mit einem Schlage Ilona nieder, so daß sie unter den mit Flaschen besetzten Tisch der Unparteiischen fällt – besiegt. Aber Ilona springt wieder auf, trägt den Tisch plötzlich auf dem Rücken – die Flaschen fallen vom Tisch, die Unparteiischen von den Stühlen, der Tisch vom

Rücken Ilonas, die sich mit neuer Wut auf Fritzi stürzen will. Indessen man bändigt sie – die wilden Proteste des Publikums erwidert sie mit wilderen unartikulierten Lauten. Einen Augenblick fürchtet man, sie könne ins Publikum hinabspringen, nicht weniger furchtbar als ein entlaufener Löwe.

Oh, Kowatsch Ilona – lehn deine Wang' niemals an meine Wang'!

Juni 1921

Das Fräulein am Klavier

Seitdem es Musikabteilungen in Warenhäusern gibt, sitzt in einem Winkel eine Dame am Klavier und spielt auf Verlangen den neuesten Tanz. Diese Dame gehört zu den Erscheinungen, an die man sich nicht gewöhnen, mit denen man sich durchaus nicht abfinden kann. Irgendwie stolpert das Gefühl des Gleichgültigsten, der vorbeischreitet. Man sieht es an den Mienen derer, die da gehen, betrachten, befühlen, befragen, bedenken. Sie heben plötzlich, irgendwie aufgestört, den Kopf. Sie können, und sei es für Sekunden, nicht weitersprechen. Man erinnere sich an eine häusliche Szene: Die Tochter übt am Klavier; man erträgt es. Plötzlich wird eine Rechnung präsentiert. Man ruft: Frida, höre einen Augenblick auf.

Die Gefangennahme der Sinne durch Musik schließt zuweilen jede Tätigkeit aus, die den wägenden oder logischen Verstand erfordert. Die Gegenprobe: im Kino. Der entsetzliche Geiger und die verdammenswerte Klavierspielerin machen eine an sich höchst löbliche Pause. Inzwischen rollt oben ein Film weiter. Es geht nicht – das Herz des Musikalischsten schreit nach irgendwelchen noch so falschen Tönen. Denn Verstand und Logik sind beim Film so weit ausgeschaltet, daß nur durch gleichzeitiges Erklingen von Tönen das seelische Gleichgewicht hergestellt werden kann. Folgt man im Warenhaus den Tönen, tritt man der Klavierspielerin etwas näher, so erweitert sich das Problem. Es geschieht nämlich an jenem Klavier etwas, das nicht nur durch Klang und Rhythmus das Gefüge des Warenhauses erschüttert.

Man blicke (im Gegensatz) vom zweiten Stock hinab in dieses gewaltige, glitzernde Luftschloß von Glas, Marmor, sich spannenden Bögen, sich überschneidenden Treppen. Alles, was hier geschieht, vollzieht sich chorisch. Wünsche, Begierden, Vermögen, Geschmack, Ansprüche der Kaufenden – Geschick, Kenntnis und Arbeitsamkeit der Verkäufer mögen noch so verschieden sein – es ist *ein* Aufundab, *ein* Handhaben und Sichgeben im selben Rhythmus. Wohl läßt sich eine Dame einen Stoff um die Schulter legen. Es stört nicht, denn jeder ist in sich selbst versunken. Mit derselben sinnlichen Empfindsamkeit prüft man im Warenhaus Bücher. Anders als im Buchladen. (Man wittere keine boshafte Absicht – nichts soll gegen den Kauf von Büchern gesagt sein. Wo auch immer. Nur kaufen!) Aber jeder prüft tastend für sich. In dem ungeheuren gleichmäßigen Treiben – jedes ein traumwandelnd Unbekanntes für sich. Frauen laufen hier an ihren Männern und Kindern vorbei, ohne sie zu erkennen.

Da tönt das Spiel. Es ist, als verlange man Handschuhe, und die Verkäuferin sagt: Nehmen Sie doch Marmelade. Als frage man: Wo ist das Seifenlager? und bekommt die Antwort: Das Leben ist der Güter höchstes nicht.

Die junge Dame am Klavier hat von den tausendfachen Seelenstörungen, die sie bereitet, keine Ahnung. Sie hat allerdings überhaupt nicht viel davon. In ihrem mürrischen Blond sitzt sie da und bringt Töne hervor, verkäufliche Töne. Sie hat gar keinen musikalischen Ehrgeiz; sie ist überhaupt völlig ohne Pose, und wenn ihre Hände zu den Tasten niedergehen, fliegen sie gleichgültig wie fortgeworfenes Papier. Sie hat sich auf ein Inserat gemeldet: »Junge Dame, die vom Blatt spielen kann, gesucht ...« Nun hat sie den Posten, alles übrige kümmert sie nicht. Ob die Töne falsch oder richtig sind, untersteht nicht ihrer Verantwortung. Sie ist engagiert. Und wem's nicht paßt, der sage es ... Aber drei junge Mädchen kommen vorbei, legen den Kopf zur Seite, träumerisch. Sie fragen, wie der neue Trott heißt. Dann nach dem Preise, und dann kaufen sie – und der, der seine Sondergefühle spazierenführt, hat, wie gewöhnlich, unrecht.

Februar 1921

Ausverkauf

Da werden Damen zu einer Kreuzung von Maulwurf und Geier. Vom Geier – die Witterung schöner Reste. Vom Maulwurf – die enorme Fähigkeit des Wühlens. Selbst Damen, die eine gewisse ursprüngliche Anlage zum Fasan haben, legen die feurigbunten Federn dieses ebenso wohlschmeckenden wie friedliebenden Tieres ab. Zum Ausverkauf zieht man sich praktisch mit denjenigen Gewändern an, von denen man sagt, sie seien zum Strapazieren da. Denn hier heißt es arbeiten.

Sehr schön sieht es aus, wenn drei Geier sich zugleich auf einen Seidenrest niederlassen. Dann blicken sie sich verwundert an. Von Europens Höflichkeit sanft angekränkelt, erheben sie sich mit mächtigem Flügelschlag und hopsen in Wartestellung. Ist dann das Beutestück frei, so probieren sie es noch einmal und wundern sich, daß sie wieder alle drei zusammensitzen.

Im allgemeinen kennt die auskaufende Frau keine andere. Es gibt Maulwürfe, deren Wühlhände sich in einem Berg von Hemden begegnen, um sich peinlich berührt zurückzuziehen. Dabei sehen sich die oberen Geierhälften flüchtig an und bemerken, daß man Mutter und Tochter oder Tante und Nichte ist. Die auskaufende Frau ist ein frei im Himmelsraum schwebender Körper. Unnahbar, unlenkbar, nur von einem Daseinszweck erfüllt, bis zum Bersten (Geier). Die Frau liebt den Ausverkauf deshalb, weil sie ihre niedrigsten Instinkte auf eine möglichst anständige Weise zu befriedigen glaubt. Was allen sichtbar ist, interessiert sie nicht. Sie glaubt, das

Gute müsse vergraben sein unter einem Wust von Minderwertigem. Schnüffeln und Buddeln (Maulwurf).

Die auskaufende Frau ist der Liebe nicht zugänglich. Die Blicke gleiten über den Mann mit vollkommener Teilnahmslosigkeit hinweg. Ehegatten, die zum Tragen mitgenommen werden, suchen vergebens die Aufmerksamkeit wenigstens anderer Damen auf sich zu ziehen. Indessen gibt es Verkäuferinnen, die sich diesen Umstand zunutze machen und hierdurch größere Umsätze erzielen.

Es gibt Verkäufer, die den Damen sagen müssen, ob es zur Bluse reicht. Mit sehr großem Sachverständnis lassen sie ihre Augen über Umfänge rollen. Ein wundervoller Beruf. Natürlich kommt es darauf an. Es gibt andere Verkäufer, die stehen scheinbar nur herum; in Wahrheit sind es bittere Menschenkenner, die besonders vergeßliche Damen daran zu erinnern haben, wo die Kasse ist.

Was den Mann im allgemeinen betrifft, so erwartet den Heimkehrenden abends ein Fest. Da werden ungeheure Schätze vor ihm ausgebreitet, die erworben sind, um seine Liebe nicht erkalten zu lassen. Er hat ein vollkommenes Verständnis für die nie wiederkehrenden Gelegenheiten der Wohlfeilheit und wundert sich nur, daß seine Frau nicht noch mehr gekauft hat. Es beruhigt ihn zu erfahren, daß die Ausverkäufe noch die ganze Woche dauern. Und er wünscht sich dazu Glück, eine so gesunde und kräftige Frau zu haben. Sozusagen zum Strapazieren.

Sie aber hat nichts mehr vom Geier und nichts vom Maulwurf. Sie ist wieder ein feurigbunter Fasan, und mit einem Blick auf die raschelnden Rechnungen darf er hier mit Fug sagen: »Heut war sie mir treu.«

Juni 1921

Feuerwerk

Das Stadion versprach ein Feuerwerk, wie die Preise verrieten, ein unerhört großartiges. Indessen war die Zahl derer, die unerhört Großartiges zu erleben gedachten, nicht sehr erheblich. Um halb acht waren wir einige hundert Menschen, die nahe zusammenrückten. Wir sahen vor uns und neben uns nichts als das gewaltig geschweifte graue Rund, bemerkten an der Rückwand spinnwebzarte pyrotechnische Vorbereitungen, hörten die Vorträge einer Bläserkapelle, die sich auf dem grünen Rasen niedergelassen hatte, und warteten auf den sogenannten Einbruch der Dunkelheit.

Es ist kaum glaublich, wie lange es im Juni dauert, bis die Dunkelheit einbricht. Ungeduldige Leute begannen auf bekannte Art zu klatschen und zu trampeln, was zwar zur Folge hatte, daß die Sonne unterging – aber die Dunkelheit brach nicht ein. Dazu kam, daß man sich mit nichts anderem beschäftigen konnte als mit Warten. Die hohen Logenbrüstungen gestatteten ein Kokettieren nur in beschränktem Umfange. Väter fingen an, mit ihren Söhnen Übungen im Kopfrechnen abzuhalten, ein junges Ehepaar hinter mir sprach über moderne Kunst, ich trank ein Glas Bier – so folgte eine Verzweiflungstat der anderen. Man starrte. Es färbten sich die Wolken, das aber war immer noch nicht das Feuerwerk des Programms, sondern ein Geschenk des Himmels, der von Grünblau bis Dunkelviolett und zurück ins Rosenrote mit sämtlichen Nuancen spielte. Allmählich erblaßten die Farben, die Welt wurde grau, die Dunkelheit war immer noch nicht hereingebrochen.

6 H. F. Bieling, Boxer und Trainer

Schließlich wurde es den Feuerwerkern selbst langweilig, und sie prasselten los.

Ich liebe es, wenn die bunten Kugeln sich vom Himmel lösen, ich liebe es, der goldenen Raketenspur zu folgen. Es ist mir angenehm, wenn sie nach dumpfem Knall lautlos hinaufsteigen, aber ich finde es auch reizend, wenn sie aufrauschen, wenn sie pfeifend heulen. Weiße, grüne, rote, blaue Lichter tropften auf uns herab – einige fielen ganz langsam und wiegten sich in der Abendstille. Es entzückt mich, wenn unerhörte Mengen glühenden Goldes sich ergießen und wenn die Feuerräder sich sprühend drehen.

Doch liegt es an der besonderen Art dieser Schönheit, daß man nichts von ihr mit nach Hause nehmen kann. Man stürzt ins Dunkel zurück, kämpft um Omnibusplätze und ist glücklich, wieder an belebten Gestaden zu landen.

Zu Hause sagt man sich: Feuerwerk ist ein ausgezeichneter Nachtisch, wenn man vorher was gegessen hat. Im Stadion saß man sehr lange bei Tisch, aber der letzte Gang war der erste. Die Kugeln sind geplatzt, und ihre Farben verblaßten im Gedächtnis. Dagegen weiß ich jetzt genau, wie grau das Stadion ist. Mein Gedächtnis ist mit dieser Gräue lebenslänglich behaftet, und niemand nimmt sie mir ab.

Juni 1921

Da draußen vor dem Tore

Es gibt mildernde Umstände – auch für Kähnes. Es ist kein Vergnügen, Gutsbesitzer in der Nähe Berlins zu sein. Erstens ist die Landbevölkerung in der Nähe einer Großstadt von eigenem Gewächs. Sie hat gewisse Untugenden der Großstadtmenschen angenommen, ohne die einfachen und sympathischen Sitten des Landbewohners aufrechtzuerhalten. Zweitens aber nimmt das Großstadtvolk jede Gelegenheit wahr, das nahe Land zu überschwemmen. Es braucht nur ein bißchen die Sonne zu scheinen, dann kommen diese Menschen mit Kind und Kegel herausspaziert und machen von der Natur einen Gebrauch, als gehöre die keinem Menschen. Natürlich gehört sie wem. Die Berliner sind von Berlin her gewöhnt, daß jeder grüne Fleck, der nicht betreten werden soll, mit Eisengitter eingefriedet ist. In der Natur, wo so viel Grün ist, geht doch das nicht. Davon haben die Berliner keine Ahnung. Sie denken: Das ist grün – folglich kann man sich raufsetzen und Eierschalen liegenlassen. Namentlich jetzt, wo die Eierschalen so billig sind. Das ist natürlich um so unangenehmer, je mehr Grün ein Gutsbesitzer hat. Er kann auch nicht die Augen überall haben. Oder unter jeden Grashalm eine Platzpatrone stekken, die, wenn man sich daufsetzt, losgeht, ohne einen edleren Körperteil zu verletzen.

Anderseits soll nicht etwa geradezu hingestellt werden, als ob nun Kähnes im Rechte seien, einfach loszuschießen. Kähnes mögen denn schließlich bedenken, daß die Nähe Berlins auch gewisse Vorteile hat. Berlin ist ein Kulturzentrum ersten Ranges. Da ist zum Beispiel das Zeughaus, für das die Familie Kähne ein besonderes Interesse haben dürfte. Man findet in artilleristischer Beziehung dort viel Anregung. Kähnes werden weiterhin zugeben, daß in keiner Stadt der Welt die h-Moll-Messe und die Neunte Sinfonie so oft aufgeführt werden wie gerade in Berlin. Dann ist da der Zirkus und die Staatsbibliothek, die sehr viel Lesestoff bietet. Es ist doch schließlich ein großer Unterschied, ob man nur so jeden Winter einmal von seiner Klitsche nach Berlin kommt und nun in drei Tagen sämtliche Museen abklappern muß oder ob man jeden Tag, wie's einem gerade einfällt, ins Kaiser-Friedrich-Museum oder ins Palais de Danse gehen kann. Zugegeben, daß die niedere Landbevölkerung unter der Nähe der Großstadt im Charakter leidet – der Großgrundbesitzer bei Berlin kann sich und seinen Kindern eine ganz andere Herzens- und Geistesbildung einverleiben wie der Landjunker. Daß er es auch tut, merkt man schon daraus, daß auf die friedlich sich erholende Stadtbevölkerung und auf die (leider immer noch nicht gänzlich ausgerottete) Klasse der Holzdiebe im allgemeinen doch herzlich wenig geschossen wird.

Zu beklagen ist ja, daß die Museen nicht wie in guter alter Zeit täglich für den unentgeltlichen Besuch geöffnet sind. Aber einige Freitage gibt es immer noch, wo man die heiligen Hallen betreten kann, ohne zu zahlen. Diese Hallen entsprechen etwa dem Grün, das der Berliner in der Natur so gern aufsucht, und man sieht daraus: Der Berliner hat auch was zu bieten, und er übt, ohne gleich den Revolver zu ziehen, die edelste Gastfreundschaft. Nur Pferde müssen in der Garderobe abgegeben werden.

Februar 1922

Neustrelitz

Die Politik

Bereits anderthalb Stunden nördlich von Berlin ergibt sich die Notwendigkeit, anders regiert zu werden. Verkennen wir die Tatsache nicht: Dort ist alles zehn Tage später, die Apfelbäume stehen noch in voller Blüte, der Flieder entfaltet eben seine duftenden Dolden, und die »Bajadere«, im vorigen Jahr das Zugstück des Metropol-Theaters, füllt erst jetzt die Kassen des Landestheaters. Diese geruhsamere Entwicklung hat eine größere Stetigkeit zur Folge. Herr von Reibnitz, der als Sozialdemokrat mit einem demokratischen Kollegen des Landes Geschicke leitet, ist einer der ältesten im Amt befindlichen deutschen Landesminister, und die bevorstehenden Wahlen werden an der jetzigen Koalition nicht viel ändern. Was die Sozialdemokraten nach links abgeben, wird wettgemacht durch die Spaltung der Volkspartei, deren republikanische Elemente sich mit den Demokraten zu einer Mittelpartei vereinigen. Dennoch: Ganz so still, wie das Säuseln in mecklenburgischen Buchenkronen vermuten läßt, regiert es sich hier dennoch nicht. Baron Reibnitz, der sozialdemokratische Überzeugung mit weltmännischer Grazie zu verbinden weiß, hat in seiner Amtszeit über dreißig Beleidigungsprozesse gegen die rechtsradikale Presse durchfechten müssen. Nicht hübsch von so einer Presse, einem Standesgenossen ihrer Geldgeber, nur weil er anders denkt, schmähliche Dinge nachzusagen. Aber vielleicht ist die Atmosphäre gerade hierdurch gereinigt worden.

Nun aber dient das Schloß dem neugeschaffenen Parlament, der Landesbibliothek, dem Landesmuseum. Ach, es ließ sich nicht verhindern, daß dieses Museum mehr die Geschichte der einst regierenden Familie als die des Landes registriert. Das 100 000köpfige Mecklenburg-Strelitzsche Volk hat sich wohl etwas zu ausschließlich der Pflege landwirtschaftlicher Güter befleißigt, um mit anderen deutschen Stämmen an Kunstfertigkeit wetteifern zu können. Aber auch die regierende Familie war offenbar in diesen Auffassungen befangen und hat sich mit Sammlungen künstlerischer Art wenig beschäftigt. Man sieht in guter Anordnung natürlich eine Reihe hübscher und wertvoller Dinge, dann aber auch solche, die nur lehrreich sind, wie die goldgestickten Staatsfräcke der einstigen Hofwürdenträger. Diese Uniformen sind sehr überzeugend aufgestellt. Man sieht den Hut, den Kragen, Schlips, Frack, Hosen, Stiefel. Nur das Verbindungsstück zwischen Hut und Kragen fehlt, der Kopf, um anzudeuten, daß er nicht das Wesentliche war.

Ein Zimmer dieses Museums betreten wir guten Preußen sogar mit Andacht. Es ist dem Andenken der Königin Luise geweiht. Man sieht sie in Marmor, Öl, in Stichen, und auf jedem dieser Bildnisse sieht die gute Königin anders aus. Ein Stich und ein Ölbildchen zeigen immerhin miteinander eine gewisse Ähnlichkeit: da erblickt man denn kein überirdisch schönes, aber ein kluges, kühles Kind vom Lande mit sinnlich frischen Lippen. Der alte Kaiser (erzählt die Pförtnerin) hat in allen diesen Bildern seine Mutter nie wiedererkannt – nur ein anderes, lebensgroßes in der Galerie hängendes Bild lobte er als ähnlich. Kein Wunder; denn der alte Wilhelm, der dreizehn Jahre war, als seine Mutter starb, dürfte keine rechte Erinnerung mehr gehabt haben – und der Porträtist, Herr Kannegießer, der Hofmaler einer viel späteren Generation, hatte die Königin überhaupt nicht gesehen.

Die Pfingstfrische
Sanft schlummert das Städtchen, dient seinem Dasein. Man weiß nicht, wie. Aber es wird schon alles seine Richtigkeit haben. Nun sind auch einige Berliner gekommen, die, von der stillen Vornehmheit rasch überwältigt, merkwürdig behutsam auftreten. Sie schreiten durch den heiter schönen, in jungen Farben prunkenden Park mit rührendem Erstaunen, und sie blicken lange und schweigend auf den flutenden See, wobei sie sich erholen. Wenn sie dann nach Berlin zurückkommen, dann werden sie wieder Kraft haben zu allerhand tobsuchtsähnlicher Berufsausübung. Nur hier sind sie freundlich und bescheiden, so daß man sie von den Eingeborenen kaum unterschiede, trügen sie nicht Bergjoppen und kurze Hosen.

Ausflug nach Rheinsberg
Das Motorboot erwartete uns in Mirow, verweilte erst einen Augenblick vor einer verschwiegenen Insel. Eine kurze Säule bedeutet die Grabstätte des letzten Großherzogs, der nach dem Bilde und nach allem, was man sagt, ein sehr liebenswürdiger, junger Mensch war und der dennoch unglücklich genug war, das Leben mit eigener Hand enden zu müssen. Auch wer sich nicht den Kopf über das Dasein übriggebliebener Fürsten zerbricht, weil er nicht glaubt, daß die Tätigkeiten vorher und nachher so sehr verschieden voneinander sind, scheidet sonderbar versöhnt von diesem Grabe. Diesem jungen Manne war es erspart, ein langes Leben hindurch selbstsüchtige Hoffnungen wie einen Hund spazierenführen zu müssen – wie einen Hund, der nicht jagen und nicht bellen darf, der nur frißt und treue Augen macht und höchstens im Halbschlaf nach einer Fliege schnappt.

Nun treibt das Motorboot in den See hinein. See und Kanal, Kanal und See. Sonne, Wind, Wolken, grüne, schweigsame Waldungen. Ein paar Enten steigen geräuschvoll aus dem Schilf, graue Reiher schweben in elegant schleppendem Fluge ohne Eile beiseite. Listige Taucher lassen ihre Periskope verschwinden. Die Einsamkeit, selten von einem Gehöft oder einer kleinen Ortschaft unterbrochen, ist kaum verständlich in der Nähe der Fünfmillionenstadt, hat vielleicht überhaupt etwas nicht Mitteleuropäisches. Man fühlt sich außer dem Bereiche von diplomatischen Noten, Kurs- und Theaterzetteln. Die kleine Gesellschaft im engen Boot verstummt, ein jeder wird einsam gegen den anderen – zur schweigenden, nie betretenen Insel.

Dann aber Rheinsberg – und mit dem jungen Fritzen ist ganz Berlin da. Eine Autoburg ist rings um den Platz wie zur Verteidigung gegen Fußgänger errichtet, und im wohligen Benzingeruch genießt der ausgeschweifte Berliner seinen Stangenspargel. Im Schloß aber sagt der Kastellan mit würdevollem Pathos: »Dies ist das berühmte Deckengemälde von Pähn, darstellend die Nacht, den Morgen, den Mittag, den Abend, gemalt von dem Hofmaler Friedrichs des Großen, *Pesne**.«

Wahrlich, was wäre »Pähn« geworden, wenn er ohne Pesne geboren wäre?

Das Theater

Es ist in einer alten Reitschule untergebracht, die einen weiten und behaglichen, mit einfachem Geschmack hergerichteten Saal ergab. Dort kostet der Platz im ersten Rang noch siebenhundertfünfzig Mark, und wenn die Verbindungen klappten, könnte man von Berlin aus nach Neustrelitz ins Theater fahren und trotz der zehntausend Mark für die Reise viel Geld sparen. Man sieht recht tüchtige Darsteller (ein Fräulein Hegan erwies sich mit Temperament frei von allem Provinzlertum), in Oper und Operette hört man frische hübsche Stimmen, und in der Ausstattung wird alles mögliche getan. Die Leitung ist mit Erfolg bestrebt, auch den Spielplan zu beleben. Nur spürt man eines hier vielleicht doch etwas deutlicher als in Hannover, Braunschweig, Schwerin oder sonst: daß die geistige Arbeit des Theaters an Dutzenden von Orten immer neu gemacht werden muß und daß damit so sehr viel Kraft vergeudet wird. Überall derselbe Kampf, dieselbe Mühe. Wo

* *Pesne,* Antoine (1683–1757); seit 1710 Hofmaler in Berlin. Viele Decken- und Wandmalereien preußischer Schlösser stammen von ihm. Pesne war einer der bedeutendsten Rokokomaler in Deutschland.

ist der große Organisator des Provinztheaters, der in dieser Zeit finanzieller Nöte die Kräfte zusammenrafft, richtig verteilt, vernunftgemäß arbeiten läßt? Und als Antwort auf meine Frage, übergibt mir mein dienstbarer Geist eine Visitenkarte:

Samiel Teufel, Filmverleih

Mai 1923

Dempsey

Der Boxmeister Dempsey ist nach Berlin gekommen, um unsere Museen zu besichtigen. Die Berliner sind zum Bahnhof Zoologischer Garten gepilgert, um Dempsey zu sehen. Als Dempsey die Berliner sah, setzte er sich rasch in ein Auto und fuhr in sein Hotel.

Von der Leidenschaft des Boxmeisters für Kunst durfte man sich eine geradezu ins Schwindelhafte erhöhte Besuchsziffer unserer Museen versprechen, unter der Voraussetzung, daß jemand angekündigt hätte: Dempsey elf bis zwölf Kaiser-Friedrich-Museum, zwölf bis eins Nationalgalerie und so weiter. Bei dem Besuche Tausender wäre es nicht ohne einen versehentlichen Seitenblick auf Rembrandt und Konsorten abgegangen. Die Kunst hätte nichts davon gehabt, aber Dempsey hätte bei seiner Heimkehr den Reportern erzählen können: »Erstaunlich ist das Interesse der Berliner für die Kunst. Diese Berliner füllen zu Tausenden ihre Museen dergestalt, daß ich kein einziges Bild zu sehen bekam und ich mir nur mit Mühe einen Weg durch die Volksmassen bahnen konnte. Was mir auffiel, war, daß diese Berliner, durch deren Reihen ich schritt, alle den Bildern ihre Rückseite zuwendeten. Es ist anzunehmen, daß diese wahrhaften Spreeathener mit Kunst zu getränkt sind, als daß sie es noch nötig hätten, die Bilder mit den Augen zu betrachten. Sie kennen ihre Museen aus dem Effeff, und dennoch flüchten sie sich aus dem Elend ihrer Finanzen immer wieder in die Höhenregionen der Kunst, wo sie von des Tages Mühe und Pein Erholung finden.«

Leider also hat man es verabsäumt, Herrn Dempsey solche Beobachtungen aufzudrängen, die dazu beigetragen hätten, die Wahrheit über Deutschland ins Ausland zu tragen.

Denn so macht man Propaganda.

Mai 1922

Die Nase der Sphinx

Von dem Verdeck des ABOAG* sieht man alles; hauptsächlich ein himmlisches Gewoge von lichtem Grün am schwarzen Landwehrkanal. Ein heiter-lässiges, wehendes Hinuntergrüßen fast bis zum Wasserspiegel – wie ein melancholisches Kokettieren eben erwachenden Lebens mit dem Tode. Es ist, als habe nur an dieser Stelle Berlins ein Baum Platz, sich jubelnd zu entfalten. Noch lassen die Kastanien ihre Blattfinger graziös hängen, um sie mit der überwältigenden Geste einer Nacht zu spreizen. Dazwischen länglich braune Tupfen. Das sind die Leuchter; und morgen werden die Kerzen brennen. Alles neu! jubelt das Herz.

Auch die Sphinx hat im Mai was Neues bekommen. Eine neue Nase. Ich meine die Sphinx auf der mühsamen Herkulesbrücke, wo es sowieso wüst zugeht. Kein Mensch hatte das Fehlen dieser Nase bemerkt, die ihr offenbar bei einer unvorsichtigen Bewegung in den Landwehrkanal gefallen ist.

Die Sphinx ist immerhin alt genug, um grau und verwittert zu sein, wie es sich für ein solches Lebewesen schickt, wenn es den Ehrgeiz hat, erträglich zu sein. Ohne Nase muß sie sogar relativ bildschön ausgesehen haben. Das ging bis zu dem Tage, wo vermutlich ein auf dem Verdeck des Omnibus fahrender Schupowachtmeister oder Stadtverordneter durch perlende Visionsnebel bemerkte: Hier fehlt eine Nase. Dies

* *ABOAG* – Abkürzung für: Allgemeine Berliner Omnibus-Aktiengesellschaft, damaliger Sitz in W 8, Krausenstraße 9–10.

konnte er nicht auf sich sitzen lassen. Er war sich nicht im unklaren darüber, daß es in Berlin allerhand *nicht* gibt, was früher da war. Doch von allem Fehlenden etwas zu ersetzen, war dies das leichteste. Und er bestellte eine neue Nase.

Sogar denkbar, daß ein Garteninspektor, ein Kanalkontrolleur oder ein Museumsdiener es war, der die Abwesenheit der Nase bemerkte. Aber in diesem Falle gab es keine Kompetenzkonflikte. Denn eine neue Nase aus Stein ist sozusagen das Billigste, was es heutzutage gibt. Da war jegliche Schreiberei überflüssig – diese Nase ließ sich in jeglichem Etat rechtfertigen.

Nun klebt sie dran: scharf abgesetzt, hellgelb leuchtend auf dem schwärzlichen Gesicht der alten Sphinx. Sie aber sieht aus, als wollte sie all denen, die zu dem neuen Gewächs wie zu einem von ihr aufgegebenen Rätsel fragend aufschauen, so gerne die Lösung ins Ohr flüstern. Ich las es ihr von den Lippen: »Wiederaufbau«.

Mai 1922

Vor dem Pergamon-Fries

Ein guter Mann im Schnurrbart mit einer schwarzweißen Binde am Arm erklärt: »Dies hervorragende Kunstwerk stellt den Kampf der Götter mit den Giganten dar. Der hier links ist Zeus, der Oberste von die Götter. Er ist der Stärkste, wie man sieht an die kolossale Muskulatur. Großartig ist auch sein Gewand, wo jede Falte einzeln drin ist. Das ist eben die antike Kunst, heutzutage halten sich die Leute mit so was nicht mehr auf. Das ist der Unterschied.

Die einzelnen Teile sind in jahrelanger Arbeit zusammengestellt worden. Vieles ist nicht mehr aufzufinden gewesen. Hier war auch ein Jott, aber von dem ist leider Gottes nischt mehr da.

Das ist Herakles, der war beinah so stark wie Zeus. Die beiden Herren hatten damals am meisten zu sagen.

Das ist die eine Hälfte von dem Fries. Jetzt gehn wir rüber zu der andern Hälfte.

Von die Jöttin hier fehlt die Nase und das Kinn. Sie is aber trotzdem sehr schön; wenn man sie von der Seite anblickt, hat sie entschieden Ähnlichkeit mit der vor längeren Jahren verstorbenen Königin Luise. Die Ähnlichkeit ist aber nur Zufall.

Das ist der Triton, der war halb Mensch, halb Pferd, halb Fisch.

Der Gigant hier macht ein furchtbar freches Gesicht. Aber schon drückt ihm der Gott die Kehle zu; er ist rettungslos verloren.

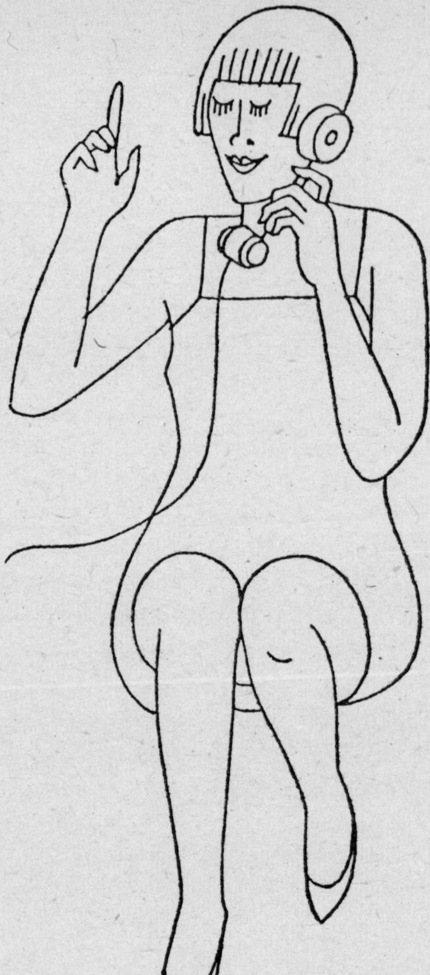

7 Signoli (ohne Titel)

Der Gott hier hält in der Hand einen Schlagring; der ist genau wie heute einer. Sie sehen, es jibt eben nischt Neues.

Die Jöttin hier zieht auf einen Löwen in die Schlacht, den hat sie sich dazu abjericht. Die andere hier sitzt auf'm Pferd. Des sieht sich aber um, hat auch keine Lust in die Schlacht. Zwischen Mensch und Tier ist eben kein Unterschied bei so was.

Die Jöttin hier hält eine Fackel in der Hand, um die Schlacht zu beleuchten. Heut haben wir Raketen und Leuchtkugeln dafür. In der Beziehung sind wir fortgeschritten, haben Elektrizität und alles mögliche. Nur in der Kunst sind wir zurückgeblieben. Da können wir nischt mehr.

So, meine Herrschaften, das war die andere Hälfte. Die eine Hälfte haben wir drüben schon jesehen.«

September 1925

Wenn nun der Zoo zu is

Wir müssen ihn beweinen, seinen Nekrolog schreiben, es ist Ehrenpflicht. Diese besteht insbesondere für uns Berliner Kinder, die sozusagen im Garten geboren wurden. Sozusagen natürlich nur. Indessen ein gutes Stück unserer Biographie brachten wir hier zu. Hinter dieser Hecke erneuerte man uns die Windel, dort zog man uns das Höschen stramm. So was vergißt sich so wenig wie der erste Kuß auf jener Bank. Zwischen Windel und Kuß lagen jene instruktiven Jahre, in denen man sich für Tiere interessierte. Mein guter Vater nahm zu diesem Zwecke jeden Sonntag eine Droschke zweiter Güte. Vater, Mutter, Schwester und die brave Luise mit den Stullenpaketen füllten das Innere, wir beiden Jungens stritten uns so lange um den Platz beim Kutscher, bis er uns beide hinaufsteigen ließ. Dann folgte ein melancholischer Blick des Schimmels auf die ihm hinter seinen Rücken gestellte Aufgabe. Dann zog er an. Manchmal ging's. Wenn Onkel Wilhelm und Tante Tine auch noch im Wagen saßen, ging es partout nicht. Wer Glück hatte, durfte dann mit der Straßenbahn fahren. Gott, war das schön!

Und dann mit den harten Brotrinden zu den Tieren. Wie schön, wenn der Elefant mich mit seiner Nase besabberte. Den Kamelen steckte ich immer meine Hand in das schaumige Maul, und dabei hatte ich das Gefühl, der Schaum sei richtige Schlagsahne. Und dann die Stullen, die man selber bekam.

Und dann der erste Kuß. Ganz in der Nähe von Giraffen

und Schafen, einer besonderen Sorte, die so himmlisch stank. Ich erinnere mich noch einer Backpfeife, die ich von einer jungen Dame bekam. Abends zwischen neun und zehn auf dem leeren Zwinger. Da roch es wieder anders. Was sich die junge Dame bei der Ohrfeige dachte, möchte ich heute noch wissen. Oh, zu jenen Zeiten wartete man nicht mehr, bis Vater Sonntags die Droschke zweiter Güte nahm, man war abonniert, man ging alle Nachmittage. Und die Mutter sagte begütigend zum Vater: »Er interessiert sich doch so für Zoologie.«

Und plötzlich war es vorbei, man war weg, und alles kam ganz anders. Man wurde nicht der große Lebemann, der man zu werden sich vorgenommen. Als man heimkam, hatte man selber einen Jungen, der erst trockengelegt wurde, dann die Höschen stramm bekam, dann die Tiere fütterte. Nun ist er eigentlich schon in dem Alter, wo er sich nach meinem Vorbild für Zoologie interessieren müßte. Aber – merkwürdig: er ist nicht abonniert. Weiß Gott, wie die jungen Leute von heutzutage... Aber vielleicht ist diese Wandlung am ganzen Unglück des Zoos schuld. Es wohnen nicht mehr die richtigen Menschen mit der richtigen Liebe in der Nähe. Die sind da draußen im Grunewald oder in Zehlendorf und haben ihre neue Technik.

Ich aber trete für meinen guten Zoo ein, ich springe in die Bresche. Und wenn eine neue Liebe von der alten Sorte den Zoo, seine Schafe und seine Bären retten kann, ich nehm's auf mich. Und wenn mir auch der Kuß mit Schafgeruch höheren Orts nicht bewilligt werden dürfte, zu der Ohrfeige mit Bärengeruch bekomme ich die Konzession.

Heut nachmittag gehe ich hin.

September 1922

In Zarathustras Höhle

Um mich populär auszudrücken: La Caverna di Zarathustra. So heißt es in dem anmutigen Esperanto, dessen a und o uns so vertraut anklingt wie die Verwechslung von mir und mich.

Wenn es erlaubt ist, bei der Wahrheit zu bleiben: Zarathustra war gar nicht zu Hause. Dieses ist ihm nicht zu verdenken, denn seine Höhle, die er sich bei Spreenhagen bei Fangschleuse bei Erkner bei Berlin gegraben hat, ist gegen den Regen nur durch einige Kiefernzweige und eine Zeltbahn von unzulänglicher Undurchlässigkeit geschützt. Und es regnete, und wie regnete es! Zarathustra hat glücklicherweise außer seinem Zuhause noch eine Privatwohnung in der Mulackstraße. Es war klug genug, diese gestern nicht zu verlassen.

Nicht jeder hat Zarathustras Klugheit. Also fuhr ich nicht in seine Privatwohnung, sondern nach Erkner (anderthalb Stunden), charterte dort eine der beiden köstlichen Erknerschen Droschken und fuhr durch den kalt rieselnden Regen (zwei Stunden) bis an den Oder-Spree-Kanal. Stellt mich auf meine rüstigen Wanderbeine und ging einige hundert Schritte am Kanal entlang, bis ich in etlicher Entfernung einen Schornstein aus gelbem märkischen Sand herauswachsen sah. Und dieser Schornstein rauchte nicht.

Erschüttert hielt ich inne. Man hatte mir versprochen, nicht nur Zarathustra zu sehen, sondern zwanzig Menschen, männliche und weibliche, in paradiesischer Nacktheit, in freier Liebe und freier Gemeinschaft dahinlebend, von Rohkost lebend. So stellte ich sie mir vor: über das Feld hüpfend wie

Kaninchen, hier vom Salate, dort vom Spinate naschend, und ab und zu ... ich meine, ab und zu das schöne Lied singend: »Ihren Liebsten zu erwarten, tralala, trarallala ...« In Anbetracht des eingetretenen schlechten Wetters mit je einem Regenschirm. So stellte ich es mir vor.

Und nichts hüpfte. Aber auch gar nichts. Es regnete bloß. Regenschleier verhüllten das liebreizende Spreenhagen mit seinen Blütenbäumen. Neben mir machte der anmutige Spree-Oder-Kanal einen langen, langen, schwarzen Strich durch die Landschaft, und sonst sah ich nichts, nichts als märkischen Sand, aus dem ein Schornstein wuchs.

Zur rechten Zeit fiel mir ein, daß Leute, um Rohkost zu essen, keinen Schornstein brauchen. Um so beherzter schritt ich auf ihn zu. Und mein Mut wurde belohnt: tief in Lehm gegraben eine Höhle. Ein Jüngling, blond, mit blauen, guten Augen, schimmernd blondem Flaum um den reinen Mund, warm angezogen, mit Schaftstiefeln, lag da unterm Regendach. Bei ihm ein Kind, ein richtiges Spreenhagener Dorfkind, mit köstlich verschmierten Pausbacken, das Nachhilfeunterricht im Lesen nahm.

»Daß jedermann lesen lernen darf, verdirbt auf die Dauer nicht allein das Schreiben, sondern auch das Denken.«

Also sprach Zarathustra. Wie peinlich für ihn, daß solches in jener Höhle geschehen mußte.

Und der Jüngling stand auf und erstattete Bericht über die anarcho-kommunistische Organisation »La Caverna di Zarathustra«, gegründet von Dr. G, gewesener praktischer Arzt, Mulackstraße. Sieben Morgen Ödland pachtete er von der Gemeinde Berlin auf achtundsechzig Jahre. Und er fand dazu zwanzig freie Menschen. Noch arbeiten diese werktags über in Berlin, was sie gelernt haben. Es sind Mechaniker, Schreiner und andere Fachmänner. Die Damen handhaben zumeist die Schreibmaschine. Aber in ihnen lebt der Drang zur freien Betätigung. Und sonntags kommen sie heraus, und sie graben in der Erde, und wenn ihnen warm wird, dann werfen sie die Kleider von sich, oder sie gehen hinab zum Kanal und tauchen in die schwarze Flut. Wenn ihre weißen Leiber sichtbar werden, kommen die Dörfler aus sittsamen Häusern, stellen sich dazu und nehmen Ärgernis. Da das nicht genügt, so bringen sie einen Gendarmen mit, der sich auch dazu stellt und der nunmehr den nackten Leuten das Betreten der Uferböschung verboten hat. Auf daß sie nicht mehr baden. Auf ihren sieben Morgen aber können sie machen, was sie wollen. Die Dörfler lassen sich auch dieses Ärgernis nicht entgehen. Abseitig ist der Weg am Kanal. Niemand hat hier vorüberzugehen. Man scheut indessen keine Mühe.

Klar und ruhig spricht der Jüngling in der Höhle. Auch von der freien Liebe. Indessen scheint es mit dieser noch nicht ganz richtig zu sein. Denn es sind sechzehn Männer und vier Frauen. Sie leben frei von Pflichten, was immerhin einige Sicherheiten schafft. Aber auch in Berlin leben sie genossenschaftlich, zwar in verschiedenen Wohnungen, doch haben sie gemeinschaftliche Küche.

Der Jüngling spricht in sehr gutem Ostpreußisch. Er hat nichts Verzücktes. Er ist von Beruf Melker, nur fehlt ihm dazu die Kuh. Dafür hat er eine Bibliothek, bestehend aus je einem Buch über Zoologie, über Botanik, über Nacktsport und – Zarathustra. Er zeigt das Stückchen Land, das schon umgegraben ist – irgendwo sprießen grüne Hälmchen. Der Jüngling geleitet mich zurück. Er zeigt mir eine neue, noch im Bau begriffene Höhle, die etwas besser ausgestattet sein soll. Bis zum Winter hofft man, ein festes Haus erstellt zu haben. Dann trennen wir uns mit Handschlag.

Ich sehe noch einmal zurück auf den Schornstein. Und ich denke mir: Darunter ist ein anarcho-kommunistischer Mensch von sechzehn Jahren, und er ist der erste zufriedene Mensch, den ich seit . . . seit . . . ich weiß nicht, seit wann, gesehen habe. Und ich trete in die Wirtsstube, wo mein Kutscher wartet, und ich höre die Leute reden, und ich merke, daß sie in Unfrieden miteinander leben, und ich begreife den Sinn meiner weiten, weiten Reise, die ich unternehmen mußte, um einen zufriedenen Menschen zu sehen.

Als die Droschke vorfährt, zögere ich, mich von diesem Ort des Friedens wegzubegeben. Aber es fällt mir zur rechten

Zeit ein, daß ich in dieser Höhle noch unzufriedener wäre, als ich es sonst bin.

Nicht jeder ist Zarathustra.

April 1921

Wie man sozialisiert

Klante macht es so: Er nimmt das Geld – Verzeihung, er nimmt es nicht; das Volk, das geliebte und ihn wiederliebende, bringt es ihm.

Also: Das Volk bringt Klante Geld, erst dann nimmt er es und kauft davon eine Schnapsfabrik. Dann eröffnet er Likörstuben, in denen sich das Volk wohl fühlen soll. Und das Volk kommt, fühlt sich wohl, infolge des Schnapses, den es trinkt und bezahlt. Hierdurch hat die Schnapsfabrik glänzende Einnahmen, die es ermöglichen, das anvertraute Geld dem Volke zurückzugeben.

Genaue Rechner könnten herausfinden, daß das Volk den Schnaps zweimal bezahlt hat, erstens bevor er fabriziert wurde, zweitens nachdem man ihn getrunken hat. Der Gewinn, den das Volk trotzdem dabei hat, ist zweifellos das unbeschreibliche Wohlgefühl.

Aber könnte man mit Recht von Sozialisierung sprechen, wenn Klante – was ihm durchaus möglich wäre – das Geld zurückzahlte? Nein. Klante lacht dazu. Er nimmt also das nicht zurückgezahlte Geld, gründet damit eine Zeitung, und das Volk bezahlt die Zeitung, indem es sie abonniert. Von den Abonnementsgeldern bezahlt Klante die Kosten der Inserate, die ihm keine andere Zeitung abnimmt. Hierdurch erzielt die Zeitung glänzende Einnahmen, und Klante wäre abermals in der Lage, dem Volk die Einzahlungen zurückzuerstatten, wenn Zurückzahlen mit Sozialisieren identisch wäre.

Da dies nicht der Fall ist, nimmt Klante das Geld und

gründet eine Bank. Hierdurch verkrachen alle Großbanken; denn Klante wird sich nicht darüber den Kopf zerbrechen, wie man die kleinen Spekulanten abschreckt, nur weil das Personal zur Bewältigung der Arbeit fehlt. Klante findet so viel Personal, wie er will. Er stellt einfach das ganze Volk an. Hierdurch ist die Sozialisierung vollendet, das Volk fühlt sich wohl, und Klante lacht dazu.

August 1921

Seelenfrieden

Gestern war ich bei einem befreundeten Bankier zu einem musikalischen Tee. Der Gastgeber war sehr spät und vom Geldverdienen sichtlich erschöpft aus dem Büro gekommen. Ab und zu sang eine Dame störenderweise Schubertsche Lieder. Aber sonst sprach man in Anbetracht der Hochkonjunktur nur von Börse und Geldverdienen. Der Hausherr, der trotz seiner immensen Reichtümer ein feines Gefühl für die bei ihm verkehrenden Künstler hat, machte die sicher allgemein interessierende Bemerkung, daß der Besitz über eine gewisse Höhe hinaus keine Befriedigung gewähre, auf den Besitzenden keinen Eindruck mehr mache. Die Frage eines jungen Philosophen, welches wohl jene »gewisse Höhe« sei, war zu leise gestellt, um eine genaue Antwort zu bewirken.

Später, während die Dame sang, zog ich den Hausherrn in eine Nische und sagte: »Angesichts dieser ungeheuren Konjunktur muß ich mich aber doch fragen, ob ich nicht meiner Familie gegenüber die Pflicht habe, ebenfalls zu spekulieren – könntest du mir nicht . . .?« Er legte mir die Hand auf die Schulter und sagte: »Laß die Hände davon, mein Junge! Im Prinzip bin ich – wie die ganze Börse – ein so erklärter Gegner der Spekulationswut der kleinen Leute, daß ich gegen meine innerste Überzeugung handeln würde, wenn ich dich da hineinzöge; und im übrigen, als aufrichtiger Freund gesprochen: Bewahre du deinen Seelenfrieden; es ist deiner nicht würdig zu spekulieren, und – wie ich schon vorhin sagte – über eine gewisse Höhe hinaus ist Besitz uninteressant.«

In tiefer Beschämung wandte ich mich der Künstlerin zu, die eben sang: »Alle Seelen ruhn in Frieden . . .«

Heute nachmittag saß ich gerade mit meiner Familie behaglich zu Hause. Unsere gute Grete hatte eben die dampfende Kaffeekanne auf den Tisch gestellt. Aber sie zog sich nicht so diskret wie sonst zurück, sondern pflanzte sich vor mich hin und sagte, sie wolle nun auch spekulieren wie alle andern Leute; ob ich ihr nicht einen Tip geben könne. Ich räusperte mich und sagte: »Ich verstehe von der Börse sehr wenig, liebe Grete. Tun Sie wie ich: Lassen Sie die Hände davon. Bewahren Sie Ihren Seelenfrieden wie ich den meinen. Und im übrigen kann ich Ihnen eines sagen: Über eine gewisse Höhe hinaus gewährt Besitz keine Befriedigung.«

Tief beschämt wankte Grete hinaus. Ich aber fühlte deutlich, wie ich von Glorie geradezu tropfte. Sanfte stille Bewunderung zollten mir die Blicke meiner Familienmitglieder. Sie waren sichtlich von dem schönen Gefühl durchdrungen: Welch edler und reiner Mann geht hier langsam zugrunde! – Ich sah meiner Tochter tief in die Augen, und ich hörte schon, wie sie in vierzig Jahren ihren Enkeln erzählen wird: »Er war eine selten harmonische Natur, und selbst die große Börsenhausse von 1921 vermochte seinen Seelenfrieden nicht zu beeinträchtigen.«

Was meinen Sohn betrifft, so bin ich in Anbetracht seiner notorischen Gutmütigkeit sicher, daß er, wenn er von mir spricht, sich nie des Wortes »Trottel« bedienen wird.

September 1921

Wie die Mark starb

Es war einmal eine liebe gute Mark, die hatte ihre Kinder an die fünfzig Jahre sehr anständig ernährt, dann aber war es ihr plötzlich schlecht gegangen. Sie schwand dahin, wurde immer durchsichtiger, und den Kindern blieb nichts anderes übrig, als sich von etwas ganz Neuem zu nähren, was vorher gar nicht da war und was nun plötzlich auf dürrem Boden gedieh: das war die Devise. Die liebe nette Devise entwickelte sich immer üppiger, und die Kinder sahen gar nicht mehr auf das von Tag zu Tag hinschwindende Lebenslämpchen der Mark.

Da geschah es eines Tages, daß die Devise ein bißchen bläßlich aussah. Vielleicht kam das nur vom raschen Wachsen, oder sie hatte sich den Magen verdorben, wie das bei Leuten in guten Verhältnissen ab und zu passiert. »O Gott«, sagte ein Kind zum anderen, »die Devise ist geschwächt – man kann sogar sagen . . . abgeschwächt.« Man sah sich schmerzlich in die Augen. Als aber zufällig jemand nach der Mark schaute, bemerkte er, daß deren Lebensgeister wieder ein bißchen erholt waren. War es nur das berühmte Aufflackern vorm Tode? – Sie lächelte sogar mit ihren Papierlippen und flüsterte: »Kinder, ich erhole mich.« Da traten den Kindern vor Angst die Augen aus den Höhlen, und die Mark fragte leise und wehmütig: »Freut ihr euch denn gar nicht?« – »Gewiß ja, wir freuen uns schon – aber wir haben nur ein bißchen Angst, weil die Devise so blaß aussieht.« Das schmerzte die Mark bis in ihr innerstes Selbst, sie stieß einen sie selbst erschütternden

Schrei aus und sank hintenüber. Da kam einer von draußen und meldete mit frohen Augen: »Die Devise erholt sich!« Noch einmal lächelte die Mark gütig und seufzte: »Wenn die Devise sich nur erholt.« Es waren ihre letzten Worte, und ein Herz, ein goldenes, hatte zu schlagen aufgehört.

November 1921

Mein Tip

Vor einem Monat war das Telefon noch sehr teuer, und wir haben am 30. September alle sehr gerührt voneinander Abschied genommen. Seitdem sind alle anderen Preise wahnsinnig ins Steigen gekommen. Es ist eine Panik ausgebrochen, man kann es nennen das *Delirium emens**. Der eine kauft Anzugstoffe, der andere Kaffee, Reis, der Schokolade, jener Bettlaken. Vorsichtige Familienväter besorgen beim Einkauf der Windeln gleich die ganze Brautausstattung. Man kann nicht wissen, vielleicht wird es ein Mädel. Man hat mir die Tatsache erzählt, daß eine einzelne Dame für ihre zwei Füße für 38000 Mark Strümpfe in einem Laden gekauft hat – der Chef der Firma machte das Geschäft allerdings rückgängig und gab Anordnung, daß keine einzige Dame für mehr als 8000 Mark Strümpfe kaufen darf.

Dabei steigen die Preise von Stunde zu Stunde in nebelhafte Höhen.

Ich möchte auch hamstern, aber während ich mir's überlege, wird's teurer. Ein Stoffkaufmann, der noch vor vierzehn Tagen Anzüge für 550 Mark feilbot, präsentiert sie heute zu 800. Was tun? Lege ich mein Vermögen in Unterhosen an, steigt Kaffee. Werfe ich mich auf Marmelade, springt die Krawatte. Schon das pure Überlegen hat mich ein zehnmal größeres Vermögen gekostet, als ich überhaupt besitze. Mein gründ-

* Angelehnt an lat. Delirium tremens; *Delirium emens* – von lat. emere = nehmen, kaufen. Hier soviel wie: Kauffieber, Kaufwahn.

liches Nachdenken aber hat wenigstens zu einem Resultat geführt: so ziemlich das einzige, was seit sechs Wochen nicht teurer geworden ist, ist das Telefon.

Mein Tip: Jetzt muß man telefonieren.

Meine lieben Freunde, kommt nicht zum Tee. Die Kuchen sind zu teuer. Wir wollen uns auch nicht am dritten Ort treffen. Der dritte Ort steigt von Stunde zu Stunde.

Setzen wir uns abends an unser Telefon. Kostet ja nur fünfundzwanzig Pfennige. Für zwei Mark fünfzig können wir uns glänzend mit zehn verschiedenen Familien unterhalten. Jetzt ist der Moment – schon sind Erhöhungen in Aussicht genommen. In vier Wochen werden wir vielleicht das Doppelte zahlen müssen. Aber momentan ist es das Billigste in Deutschland. Nutzen wir die Gelegenheit – aus Leibeskräften – jetzt: Nichts als telefonieren!

November 1921

Ein mal eins ist achtzehn

Ein Vater sitzt bei seiner Zeitung, und es ist ihm nicht sehr angenehm, daß die Frau mit dem Töchterchen Kopfrechnen übt. Erstens geht das nicht ohne gewisse lärmende Komplikationen ab; und zweitens ist er selbst nie ein sehr guter Rechner gewesen; peinliche Erinnerungen an die eigene Schulzeit melden sich.

Die Mutter erhebt energisch die Stimme: »Also paß doch auf, Lisa! Sieh, was hier geschrieben steht: Die kleine Bertha soll zum Kaufmann gehen und 3 Eier kaufen. 20 Pfennig gibt ihr die Mutter mit. Beim Kaufmann bekommt sie 3 Eier und außerdem 2 Pfennig zurück. Wieviel kostet ein Ei?«

Der Vater hört's – zuerst ärgerlich, aber plötzlich wird seine Stirn milde und klar, und er lauscht der nächsten Aufgabe: »Der kleine Anton soll bei der Milchfrau Milch kaufen. Er bekommt 36 Pfennig mit, wieviel Milch gibt ihm die Frau, wenn der Liter 24 Pfennig kostet?«

Das Antlitz des Vaters verklärt sich: obgleich die kleine Lisa immer ziemlich lange Zeit zur Lösung der Aufgabe braucht, ist es dem Vater, als lausche er himmlischer Musik.

»Um wieviel teurer ist Hänschens neuer Anzug, wenn dieser 41 Mark, der Adolfs 37 kostet?«

In die Augen des Vaters treten Tränen der Rührung.

«Ein Vater geht mit seiner Frau und seinen 4 Kindern sonntags in den Zoologischen Garten. Er steckt 10 Mark ins Portemonnaie. Wieviel braucht er abends, zumal wenn die Straßenbahn pro Person 10, der Eintritt 25 kostet – und wenn

8 P. Erkens (ohne Titel)

die Familie 3 Glas Bier à 15, 6 Paar Würstchen à 30 und der Vater noch eine Käsestulle zu 25 Pfennig verzehrt?«

Das ist eine heikle Aufgabe, und die kleine Lisa arbeitet angestrengt und lange mit ihrem Köpfchen. Der Vater kann kaum erwarten, daß die Mutter die nächste Aufgabe vorliest. »Die kleine Anna bekommt von ihrer Tante aus Amerika 10 Dollar geschickt. Die Mutter geht mit dem Gelde auf die Bank, um sich die Dollars in deutsches Geld umwechseln zu lassen. Wieviel Mark bekommt sie?«

»2 700 Mark!« schreit Lisa, wie aus der Pistole geschossen.

»Aber Lisa«, sagt die Mutter so ernsthaft wie möglich. »Du hast mich ja gar nicht ausreden lassen. Wieviel bekommt die kleine Anna, wenn der Dollar 4,20 M wert ist?«

»Aba Mutti – das gibt's doch gar nicht.«

Abends vorm Einschlafen sagte der Vater zu seiner Frau: »Wir werden Lisa aus der Schule nehmen.«

»Wieso?«

»Ja, hast du denn nicht bemerkt, daß das ganze Rechenbuch nichts als eine antirepublikanische Propaganda ist? Sinnlos, neue Geschichtsbücher drucken zu lassen, wenn man Rechenbücher mit solchen unwahrscheinlichen Preisen bestehen läßt. Ich selbst war vor Rührung fast hingerissen . . .«

»Aber wie sollen denn die Kinder das Rechnen lernen?«

»Das ist nicht meine Sache«, sagte der Vater. »Jedenfalls sollten die Kinder nicht mehr mit dem kleinen Einmaleins geplagt werden. Erstens ist es eine antirepublikanische Einrichtung, und zweitens genügt heutzutage das große vollkommen.«

November 1921

Die grüne Decke

Die Verwaltung der Straßenbahn hat neulich eine sehr sympathische Drohung ausgestoßen. Sie sagte nämlich: Wenn es noch einmal kalt wird, werden die grünen Vorhänge vom Boden geholt und so um Türen und Fenster drapiert, daß kein Rheuma und kein Schnupfen den Fahrgast erreiche.

Nun ist es wieder kalt, die grünen Vorhänge sind zum größten Teil noch immer auf dem Boden, und von allen Vorsichtsmaßregeln, die gegen die Kälte getroffen worden sind, ist nichts zu sehen als die Messingknöpfe, die man hat wachsen lassen, um die Vorhänge daran festzumachen. Es sind sehr hübsche und solide Messingknöpfe, die auf rätselhafte Weise der Kriegswirtschaft entgangen sind. Es sind sympathische Messingknöpfe, obgleich sie ziemlich gewöhnlich sind. Das einzige, was man an ihnen aussetzen kann, ist, daß sie nicht heizbar sind und deshalb auch nichts zur Erwärmung frierender Straßenbahngäste beitragen.

Gestern, als ich gerade fror, intervierwte ich einen Schaffner, wie es denn mit den grünen Vorhängen stünde. Er meinte, man werde sie wohl nicht vom Boden holen, weil – wenn man sie aufhänge – sie doch gestohlen würden. Natürlich nicht auf der Fahrt – aber auf den Endstationen, wenn Fahrer und Schaffner für einen Augenblick den Wagen verlassen, da sei eben Gelegenheit. Sogar die elektrischen Birnen werden gestohlen.

Das ist natürlich alles sehr traurig. Aber als ich genug gefroren hatte und ausstieg, fiel mir ein, daß es der frierenden

Menschheit eigentlich ganz gleich sein könne, ob eine Decke auf dem Boden liegt oder ob sie gestohlen ist. Muß man doch sogar annehmen, daß die Kanaille, die eine alte grüne Decke stiehlt, das nicht tut, um sich ein Kleid für den Presseball daraus machen zu lassen, sondern um sich zu wärmen. Jegliche Sympathie für die stehlende Kanallje sei unterdrückt; aber die Decke wärmt immer noch besser in gestohlenem Zustande als auf dem Boden.

Und weil das so ist, muß man noch eine andere Möglichkeit in Betracht ziehen: Es kann doch schließlich auch sein, daß die eine oder andere Decke *nicht* gestohlen wird. Die wärmt dann wenigstens ein paar Menschen. Es sind doch nicht alle Glühbirnen weg. Auch sind noch alle Messingknöpfe da. Man riskiere es. Und man bedenke vor allem, daß grüne Decken zuweilen auch auf dem Boden gestohlen werden. Und dann ist es doch entschieden besser, man stiehlt sie aus dem Wagen und nicht vom Boden, wo sie nicht mal vermißt werden.

Januar 1922

Die Liste

Man ist nicht und man wird auch nicht gewählt, aber die Liste ist gewählt, und man kommt vielleicht rein in die gute Stube, die je nachdem Reichstag, Landtag oder Stadtverordnetenversammlung heißt. Man hat gute Verbindungen, und man ist vor allem ein braves Parteikind, das niemals eine andere Ansicht gehabt hat als die der Parteibonzen. Hatte man mal andere Ansichten, so hat man sie doch nicht geäußert. Denn wozu überhaupt sich äußern? Taubstummheit ist kein Hinderungsgrund für die Wählbarkeit auf einer Liste. Man steht darauf, und dann kommt alles darauf an, daß ein Parteifreund stirbt oder daß er eine kleine Urkundenfälschung begeht.

Der nächste auf der Liste hat ein hoffnungsvolles Lächeln. Er ist der Kronprinz der Fraktion; jede Fraktion hat ihren Kronprinzen. Früher hatte jedes Land nur einen. Jetzt hat jedes eine ganze Menge. Die früheren Kronprinzen waren gerne Frondeurs. Die jetzigen sind sehr brav. Denn wenn sie während der Legislaturperiode nicht zur Herrschaft gelangen, kann ein unbotmäßiges Wort verhindern, daß sie bei der nächsten Wahl wieder auf die Liste kommen. Die früheren Kronprinzen hatten es besser. Aber die jetzigen haben es auch nicht schlecht; sie müssen nur ganz still sein. Und das ist nicht sehr anstrengend.

In einem Punkt ist der moderne Kronprinz gegenüber dem früheren im Vorteil: Er hat mehrere Väter. Der frühere mußte auf den Tod eines einzigen warten, was sich bei der rationellen Lebensweise der Monarchen oft lange hinauszog. Der moderne Kronprinz hat zuweilen eine ganze Menge Väter; die Möglichkeit, daß einer stirbt, ist größer. Deshalb ist die Stimmung der Väter gegenüber dem Kronprinzen auch die bessere. Früher konnten die Könige ihre Söhne nicht besonders leiden, weil sie gewiß waren, von ihnen beerbt zu werden. Weiß einer, daß er nicht der einzige Vater seines Sohnes ist, so gibt er sich der angenehmen Hoffnung hin, daß ein anderer Vater zuerst stirbt.

Der Kronprinz ist kein Meuchelmörder. Ihm sind alle Väter gleich lieb, und er hofft nicht auf den Tod eines bestimmten. Wenn in der Versammlung einer der alten Herren hustet, vernimmt es der Sohn mit Wonne, aber er blickt nicht auf, um zu sehen, wer gehustet hat. Wenn nur einer hustet. –

Der Kronprinz ist kein Meuchelmörder. Wenn er aber die Grippe hat, geht er nicht gleich zu Bett, sondern erst noch mal in die Versammlung. Vielleicht steckt sich wer an.

Es kommt vor, daß Kronprinzen sterben, dann wird der übernächste auf der Liste Kronprinz. Dann schwillt auch die Brust des überübernächsten von Hoffnung. Nun brauchen nur noch zwei zu sterben – und der überübernächste ist Vertreter seines Volkes. Wie wird es staunen, eine solche Wahl getroffen zu haben.

Januar 1922

Streik

Das einzige, was noch fließt, ist Tinte. Nutzen wir es. Gebrauchtes Waschwasser ist nicht zu verachten, da die ihm innewohnende Kraft bei gehörigem Schwunge wohl verwendet werden kann. Armes Volk Berlins, schone deine Waschwasserkräfte!

Eben wird telefonisch gemeldet, daß drei Straßen weiter an einem Droschkenhalteplatz eine Pumpe gesichtet worden ist. Eine Expedition wird ausgerüstet, bestehend aus zwei Rodelschlitten, vier Eimern, einem Waschzober und zwei Kannen und dem nötigen Personal. Der Vater bleibt zu Hause und liest Knut Hamsuns neuen Roman »Die Weiber am Brunnen«. Ich zweifle nicht, daß die Lokalberichterstattung über die Vorgänge in der nächsten Nachbarschaft durch die neue Wasserversorgung an Promptheit gewinnen wird.

Niemand tut mir die Liebe, mir einzureden, Pumpenwasser sei als Tischgetränk ungesund. Meine Neigung, den Durst durch eine Flasche leichten billigen Tischweins zu löschen, wird als Hypochondrie gedeutet. Ich nehme den Vorwurf auf mich.

Andere Leute sind unmusikalisch, ich bin unentrüstlich; das hat mir in feineren Kreisen schon sehr geschadet. Indessen gebe ich zu, daß ich in nachdenklicher Stunde sehr auf die

* Am 1.–7. Februar 1922 streikten zirka 800 000 Eisenbahner für Lohn- und Gehaltsforderungen und für den Achtstundentag. Reichspräsident Ebert erließ ein Streikverbot für alle Eisenbahnbeamten. Die Situation verschärfte sich, als vom 5.–8. Februar in Berlin auch die städtischen Arbeiter in den Lohnstreik traten. Als einzige Partei unterstützte die KPD die Forderungen der Massen.

Körperkräfte und die Schlagfertigkeit der Gattinnen städtischer Arbeiter rechne. Es gibt übrigens von alters her noch ein Mittel, meine Verehrten, ein wunderbares Generalstreikmittel – lesen Sie es bei Aristophanes und Anzengruber.

Doch sei genossen, was die Stunde beut: diese tiefe Ruhe, diese unerhörte Stille. Die Ruhe kostet uns Milliarden, mit der Allgemeinheit den einzelnen. Aber genießen wir wenigstens, was sie uns einbringt: Nervenfrieden. Keine Bahn rollt. Nur ganz selten höre ich ein fernes Auto. Ab und an dringt ein warmer Menschenlaut über den hallenden Schnee zu mir herauf. Dann wieder Stille.

Vor Tisch hörte es sich allerdings anders an. Da fand jemand heraus, daß die Klaviere noch funktionieren. Und es ereignete sich ein Run auf die Klaviere. Ein unbeschreiblicher Tumult brach aus, in allen Etagen, in allen Nachbarschaften. Bach, Chopin, Wagner – das verstrickte sich zu einem unentwirrbaren Tonknäuel. Man konnte ihm nur entgehen, indem man die eigene Klaviatur in Bewegung setzte. Jedes Familienmitglied hatte mindestens eine viertel Stunde Dienst zu tun. Das jüngste steuerte seine Tonleitern bei. Wir nannten das: musikalische Nothilfe. Und wenn sie einen Augenblick versagte, vernahmen wir durch alle Tonschlamm-Massen hindurch Cläre Waldoffs herrliches, von ungefügen Fäusten gehacktes Couplet: »Ich will den Gram im Sekt ertränken, im Sekt ertränken, im Sekt ertränken . . .«

Nun aber ist Stille, der Mond scheint auf den Schnee, und man findet dieses altmodische Beleuchtungsmittel sehr praktisch. Auch an den flackernden und duftenden Stearinkerzen, die mein Geschreibsel beleuchten, finde ich noch was Gutes. Man kann sich an ihnen die Zigarette anstecken, man steht in dieser Beziehung vor ihnen nicht so ratlos wie vor der elektrischen Lampe. Die Stunde Stearin kostet vier Mark, aber man spart Streichhölzer. Und vor allem die Flamme ist da, man braucht nicht zu suchen und ist nicht auf die Duldsamkeit aufsichtshabender Familienmitglieder angewiesen.

Das einzige, was fließt, ist Tinte. Drum laßt uns sparsam sein.

Februar 1922

Omnibusburleske

Eine dicke Dame, die nach einer Fahrt von zehn Minuten an ihrem Ziel angelangt war, ohne Gelegenheit zur Entrichtung des Fahrgeldes zu finden, bohrte sich ein Loch durch den Menschenbrei zum Ausgang. Dort entdeckte sie einen durch Pelz und Monokel besonders vertrauenswürdig erscheinenden Herrn, drückte ihm einige Papierfetzchen in die Hand und sagte: »Zahlen Sie für mich, wenn der Schaffner kommt.«

Und verschwand im Dunkel des streikenden Berlin.

Der Schaffner gab vom Verdeck aus das Abfahrtszeichen, dann stieg er nieder zum Parterre. Der elegante Herr sagte: »Eine Dame hat mir das Geld für Sie gegeben – sie hatte noch keinen Fahrschein.«

Der Schaffner besieht das Geld.

»Nee, mein Herr, det is bloß eene Mark fuffzich – die Strecke kost zwee Mark.«

»Ich gebe Ihnen das Geld so, wie die Dame es mir gegeben hat.«

»Dut mir leid«, sagt der Schaffner, »Sie haben for die Dame jezahlt – und dann müssen Sie auch richtig zahlen.«

»Das geht mich doch nichts an«, sagt der Herr etwas ärgerlich, »ich kann doch nichts anderes tun . . .«

»Erlooben Sie mal, det jeht Ihnen sehr viel an. Worum haben Sie den Ufftrag iebernommen? Hat Ihnen die Dame jesacht, Sie sollen for ihr zahlen – oder nich?«

»Ja, aber . . .«

»Da jibt's keen Aber. Sie haben's iebernommen, wenn Sie nu nich zahlen, dann laß ick Ihnen feststellen.«

»Das ist doch toll«, sagt der Herr aufgebracht.

»Sie kennen sich ja det Jeld von die Dame wiederjeben lassen.«

»Ich kenne doch die Dame gar nicht.«

»Na, denn loofen Sie se doch nach.«

»Schaffner, reden Sie doch keinen Unsinn, wir sind ja längst . . . Im übrigen, mir würde es gar nicht auf die fünfzig Pfennig ankommen, aber wenn Sie das in dieser Form von mir verlangen . . .«

»Nu sagen Sie selbst, mein Herr, wat soll ick machen? Der kleenste Fahrschein, den ick zu verkoofen habe, kost zwee Mark. Soll ick armer Schaffner die fuffzich Fennige druffzahlen.«

»Und wenn die Dame gar nichts gezahlt hätte?«

»Dann wär se weg jewesen . . . nun aber zahlen Sie, ick muß Ihnen 'n Fahrschein jeben – und Sie mir det Jeld!«

Ein älterer Mann mischt sich hinein.

»Mensch, stich dich det Jeld in und halt die Sch . . .«

»Wat«, braust der Schaffner auf, »unterschlagen soll ick? Eene Mark fuffzich . . . soll *ick* unterschlagen? Wat, stellen Sie sich vor, mach ick mit eene Mark fuffzich? Nich eenen Schnaps kann ick mir davon koofen. Ick weeß in Moabit jenau Bescheid. Wenn Streik is, bin ick oft jenuch Kriminalstudente jewesen. Vor eenen Schnaps müßte ick drei selbständije Handlungen von Unterschlagungen bejehen. Nee, det kann keen Mensch von mir verlangen. Wenn eener hier unterschlagen soll, denn unterschlagen Sie, mein Herr. Sie haben keene Nummer an Ihrn Omnibus.«

Er drückt dem Herrn das Geld in die Hand und wandte sich ab. Der Herr nahm das Geld – aber die Rede des Schaffners hatte ihn gerührt. Er griff zur Brieftasche, nur um den ehrlichen Mann durch ein größeres Geschenk zu lohnen. Aber gerade da war auch er an seinem Ziele angelangt. Die hinausquellende Menschheit riß ihn mit sich fort, neue Menschen zwängten sich herein, der Omnibus zog an, und der Herr im

Pelz stand da im Dunkel des streikenden Berlin mit einer Mark fünfzig. Erst zu spät fiel es ihm ein, daß er sich die Nummer des Omnibus hätte merken können. Dann zog er wirklich die Brieftasche und legte die Scheine zu den übrigen.

Februar 1922

Der dicke Dollar

Die gute Tante aus Amerika hat jedem meiner Kinder einen Dollar geschickt, natürlich nicht eingeschrieben, sondern mit einem ganz gewöhnlichen Brief. Ich kenne das gute Herz der Tante genau. Sie wollte mit den zwei Dollars keine Notstandsaktion unternehmen. Aber sie hatte plötzlich die Idee: Mit den zwei Dollars mache ich drüben eine große Freude. Der große Junge kann sich dafür ein Dutzend Tennisbälle kaufen, das kleine Mädchen dreitausend Murmeln und noch zehn Tüten Bonbons.

Der große Junge steckte dankerfüllt seinen Dollar in die Brieftasche. Damals stand er auf 500. Auf meine Frage, was er sich dafür kaufen wolle, sagte er trocken: »Ich warte, bis der Dollar auf 1 000 steht.«

Das kleine Mädchen ist acht Jahre alt. Es hat noch keine Brieftasche. Also legt es den Dollar auf die alte Nußbaumkommode in der guten Stube, setzt ein altes Täßchen der Königlich Preußischen Porzellanmanufaktur darauf, aber so, daß man die beiden Enden des herrlich langen und grünen Scheines deutlich sieht. Seitdem geht das kleine Mädchen jeden Tag als erste zur Zeitung und tanzt jubelnd in das Zimmer, wenn er wieder fünfzig oder hundert Prozent gestiegen ist. Die Rechnung ist ja auch so einfach: »Jetzt bekomme ich schon achthundert Mark dafür.« Manchmal kommt eine kleine Anwandlung ihrerseits: »Soll ich ihn heute verkaufen?«

Sie hat schon den Sinn dafür, Gewinne rasch zu realisieren. Der Sinn der beiden Eltern ist durch die Anwesenheit der beiden Dollarnoten etwas bedrückt. Es ist ihnen, als hätte die Familie etwa aus ehemals feindlichem Lande einen Hund geschickt bekommen, den man englisch oder gar französisch anreden muß. Gewiß wäre so ein Tier ein Hund wie andere Hunde auch. Und dennoch vermutet man in ihm die Fähigkeiten, mit Sanktionen zu drohen; man würde sich gar nicht wundern, wenn er sich etwa nach einem weniger ausgiebigen Mittagessen hinsetzte, um eine Note abzufassen oder gar ein Ultimatum zu stellen.

Richtig – die Dollarnote bellt nicht, sie verlangt auch keine Ansprache, sie frißt auch nicht und wird trotzdem von Tag zu Tag dicker. Aber vielleicht frißt sie doch. Zunächst am pädagogischen Gewissen. Es wäre wohl erzieherisch richtig gewesen, die Dollars am ersten Tage ohne Rücksicht auf die Spekulation umzutauschen und irgendwas dafür zu kaufen. Aber man hat es unterlassen, vielleicht nur aus Bequemlichkeit, mit einem leisen Unterton von verbrecherischer Hoffnung.

Dabei ist es geblieben. Man hat es auch unterlassen, den Dollar in das Geheimfach des Schreibtisches zu tun, wo noch vier Franken fünfzig Schweizer und drei Kronen siebenzig österreichischer Währung als »ausländische Sorten« friedlich, ohne innere Erregung nebeneinander ruhen. Der Dollar ist ein Einrichtungsgegenstand geworden, ein Schmuckstück auf der Nußbaumkommode in der guten Stube. Er ist ja auch ein sehr schön gezeichnetes Stück Papier, auf dem allerhand zu lesen und zu sehen ist. Da ist ein ganz herrlicher Satz, der besagt: »Dies bestätigt, daß in dem Schatz der Vereinigten Staaten ein Silberdollar deponiert worden ist. Zahlbar dem Besitzer auf seine Forderung.« Und auf der Rückseite wird nochmals bestätigt, daß es sich um ein vollgültiges und gesetzmäßiges Zahlungsmittel handelt. Genau lesen kann ich's nicht – ich weiß nicht, liegt's an meinen Augen oder an meinem Englisch.

Der Dollar wird jeden Morgen genau so abgestaubt wie die anderen Gegenstände auf der Nußbaumkommode. Da liegt er nun, so einfach und nett, und wird jeden Tag dicker. Es kommt ja auch jetzt kein Besuch. Wir werden ihn hier liegen lassen bis zum Herbst. Dann kommen hin und wieder Bekannte.

Ich persönlich bin dafür, daß er dann eingerahmt und mit einem Sicherheitsschloß an der Wand befestigt wird.

Es besteht kein Zweifel darüber, daß er unter meinen anderen eingerahmten Stichen der wertvollste ist. Außerdem genügt ein Blick darauf, um sich vollkommen klarzusein über die Summe von Verstand, Vernunft und Gerechtigkeit, die täglich aufgewendet wird, um die Welt zu regieren.

Ich hoffe, daß meiner Tochter der erzieherische Wert, den wir durch diese Verwendung der Dollarnote zu geben vermochten, in jedem Augenblick ihres Lebens durchaus bewußt bleibt.

August 1922

Die Rolle

Gestern war ich im Warenhaus. Da sah ich: Die Rolle (unbedruckten, in gewissem Abstand perforierten Papiers) kostet jetzt fünf Mark fünfundzwanzig.

Das machte mich sehr nachdenklich, und ich ging einige Tische weiter, wo die Buchhandlung anfängt. Siehe, da grüßte mich ein mir bekanntes Buch. Ich habe es nämlich selbst mal geschrieben. Es stand in der Abteilung »Billige Bücher«, und das freute mich von Herzen. Denn es war immer mein Grundsatz: Billig und gut. Ich fragte nach dem Preise, und das Fräulein nannte ihn: »Acht Mark fünfzig.«

»Ganz meiner Meinung«, sagte ich halblaut.

»Soll ich es ihnen . . .«

»Nein, danke – bitte, geben Sie mir eine Rolle.«

»Das ist drüben an dem andern Lager.«

Dann kaufte ich die Rolle und ging mit ihr nach Hause, wo ich von meinem guten billigen Buch noch zehn Belegexemplare zu stehen habe. Ich wog Buch und Rolle gegeneinander ab, und ich stellte fest, daß mein Buch ungefähr noch mal so schwer ist wie die Rolle. Es hat also seine Richtigkeit, mein Buch ist so viel wert wie zwei Rollen. Vorläufig. Ich sehe die Zeit kommen, wo die Rolle acht Mark fünfzig kostet und mein Buch nur fünf Mark fünfundzwanzig.

Ich denke nicht geringschätzig von meinem Buch; es war mir irgendwas eingefallen, dann hat es mir Spaß gemacht, es zu schreiben. Nun sehe ich, daß Bedrucktes einmal billiger sein wird als Unbedrucktes. Ich sage auch nicht: Ihr Leute, kauft

9 Otto Schoff (ohne Titel)

das Buch und nicht die Rolle. Denn diese beiden Gegenstände haben nichts miteinander zu tun und dienen höchst verschiedenen Zwecken.

Nur zu mir selbst sage ich: Schade, daß mir nicht damals statt des Buches die Rolle eingefallen ist. Ich sage das natürlich nur mit Bezug auf die Belegexemplare.

April 1922

Gegensätze

Ein wütendes Hundegebell in der Passage. Was ist? Ein blinder Bettler nimmt eine milde Gabe entgegen. Der Hund aber führt den Bettler nicht bloß, er will ihn auch schützen. Es ist ein großer, kräftiger, bissiger Köter. Und der Bettler hat den Kopf des Hundes zwischen den Beinen, gibt sich die größte Mühe, die wohlmeinende Bestie zurückzuhalten, daß sie sich nicht auf den Almosengeber stürze und ihn zerfleische.

Mein blinder Streichholzmann unter der Eisenbahnbrücke ist weniger gut beschützt, er ist wohl auch weniger mißtrauisch. Als ich ihm heute für eine Schachtel die verlangte Million in die Hand drückte, fragte er bloß: »Ist es auch ein Millionenschein?« Ich bejahte, und der Mann war zufrieden. Er muß mit der Ehrlichkeit der Menschen keine schlechten Erfahrungen gemacht haben. Schutzlos steht er den ganzen Tag unter der Brücke, starrt ins Nichts. Und dennoch hat ihm noch keiner ein Leides getan.

Vor einem Lebensmittelgeschäft ein kleiner Auflauf. Ein grüner Schupomann, eben geholt, betritt den Laden, der von innen verriegelt wird. Ich erspähe durch die Scheibe eine bleiche, abgezehrte, aber ruhige Frau, die an der Hand ein sehr niedliches, rosiges Mädchen hält. Aber das Kind hat geweint, die lieben blauen Augen sind sehr geängstigt, und auf den Pausbäckchen sind noch sehr deutliche Tränenspuren. Man erklärt mir: Die Frau hat, während die Ladeninhaberin eine andere

Kundin bediente, eine Schachtel Kakao aus dem Schaufenster gestohlen. Aber – erläutert man mir – als die Ladenbesitzerin sagte, sie lasse den Schupo holen, da habe das Kind gleich laut aufgeschrien, während die diebische Mutter sehr ruhig geblieben sei – was wohl beweise, daß das Kind in die Diebereien der Mutter vollkommen eingeweiht sei. Es kamen von seiten der Erklärerin noch einige treffende Bemerkungen über die Schutzlosigkeit, in der man sich heute dem diebischen Gesindel gegenüber befinde. Ich hütete mich wohl, eine weniger moralische Äußerung zu tun. Sah nur noch mal das wirklich hübsche, saubere und rosige Kind und die abgezehrte Mutter an und stellte nur im stillen fest, daß das wirklich gesunde Aussehen des Kindes auf die Dauer ohne Kakao, Kondensmilch usw. kaum aufrechterhalten werden könne.

Oktober 1923

Die Beigabe

In einem Bäckerladen. Die Kundin vor mir ist schon bedient, sie macht mit der befreundeten Bäckerin noch einen Plausch, während mir die Semmeln eingepackt, die Geldscheine gewechselt werden.

»So«, sagt die Kundin etwas gedämpft, »jetzt haben Sie ihn.«

Die Bäckerin zuckt die Achseln. Auch sie spricht leise. »Was soll ich machen?«

»Seit wann ist er denn da?«

»Seit vier«, die Bäckerin schlägt diskret die Augen zum Himmel auf. »War er bei Ihnen auch?«

»Bis um zwölf – dann war er plötzlich weg. Er ist schrecklich.«

»Er wird auch nicht besser – Sie glauben nicht, was er für eine Arbeit macht.«

»Ich glaube Ihnen«, sagt die Kundin, »die eine Stunde, die er bei uns war, genügte vollkommen.«

Die Bäckerin sagt mit Resignation: »Jedenfalls eine unangenehme Beigabe.«

Während des ganzen Gesprächs denke ich nach: Um was handelt es sich eigentlich? Zuerst meine ich – weiß nicht weshalb –, es handele sich um einen neuen Patentofen, der ausprobiert werden soll, der schrecklich ist, der Arbeit macht. Aber der kann doch nicht plötzlich weg sein? Dann denke ich an einen Hund – ja, so was wird es wohl sein. Der ist plötzlich weg, treibt sich stundenlang in den Wohnungen fremder Leute umher.

»Und schlecht erzogen . . .«

Sicher ein Hund, denke ich.

»Und wie unbescheiden –«

Ich werde wankend in meinen Mutmaßungen, folge dem besonders vorwurfsvollen Blick der Bäckerin in die linke Ecke.

Da sitzt die »unangenehme Beigabe«. Es ist ein Mensch. Ein ganz kleiner, vierjähriger Mensch, mit festen Pausbacken, verheultem, verschmutztem Näschen, kleinen, grauen, klugen, tränenvollen Äugchen, die sehr scharf, sehr genau beobachtend hin und her gehen, von der Bäckerin zur Kundin.

Er – ich, wir wissen beide nicht, wie er dahin kommt. Er weiß es vielleicht noch weniger. Ich kann mir mit einiger Phantasie vorstellen: Vielleicht hat die Bäckerin einen Witwer mit Beigabe geheiratet. So wird es wohl sein.

Aber er weiß nicht, wie das alles kommt. Möcht es ergründen. Wenn man sagt: »unangenehme Beigabe«, versteht er es nicht. Aber er fühlt . . .

Er fühlt duftendes Brot, warme Semmeln, Kuchen, Torte! Unerhörte Köstlichkeiten, die von der dicken Frau hinter der Theke wildfremden Leuten gegeben werden. Die legen allerdings schmutzige Papierlappen auf den Tisch. Er fühlt: Man sollte ihm dankbar sein, daß er den Wust von schmutzigen Papierlappen im Hause nicht vermehrt. Er will nur aufessen, was so nutzlos rumsteht. Aber jedesmal, wenn er was verlangt, klappt man ihm auf die Finger und sagt: »Sei nicht so unbescheiden.«

Er versteht nichts vom Leben. Das Wort »Beigabe« hört er nicht zum erstenmal, was aber soll es sein? Er fühlt – besonderen Spaß bereitet es keinem Menschen, daß er auf der Welt ist. Vielleicht soll er auch nicht hier im Laden sitzen? Aber irgendwo muß er doch sitzen. Er ist nun mal da. Unweigerlich da. Wenn er wüßte, daß man sterben kann, er ginge vielleicht – es würde ihm noch gar nichts ausmachen. Aber er weiß es nicht. Weiß nicht, daß er ein kleines Herz hat, das die Röte in seine Wangen treibt, daß es der Magen, dieses nebensächliche Organ, ist, das seinen Kuchen haben will. Er will vielleicht gar nicht Kuchen, nur der Magen, die Zunge. Er persönlich? Keineswegs.

Und nun lauert er wohl, daß mal fünf Minuten kein Kunde kommt und die Bäckerin für einen Augenblick in die Küche geht. Dann wird er auf einen Kuchen stürzen, ihn verschlingen. Dann wird er Prügel bekommen. Das ist so Hausgesetz. Dagegen ist nichts zu sagen. Aber den Kuchen wird er intus haben, den kann ihm niemand nehmen.

Und wenn er wieder auf die Straße geht, wenn der dicke Junge von nebenan wieder anfängt, ihn zu piesacken, dann wird er das schönste Schimpfwort der Welt für ihn bereithalten und wird es ihm zuschreien: »Unangenehme Beigabe!«

November 1924

Bettler

Aus einem Teegespräch über Straßenbettler habe ich die folgenden Bemerkungen zurückbehalten:

Ein Herr: Die Straßenbettelei ist widerlich, aufdringlich, dazu in den meisten Fällen theatralisch verlogen. Am meisten empört mich der Zufall. Man kann nicht jedem Bettler etwas schenken. Wie oft kommt man in die Gefahr, dem frechen Komödianten etwas zu geben, so daß man vielleicht für den wirklich Erbarmungswürdigen kein Kleingeld übrig hat.

Eine Dame: Lieber geben Sie gar nichts.

Der Herr: Nein, wenn ich wohltue, gebe ich lieber in der Stille, wo es niemand sieht.

Ein junges Mädchen: Dann haben Sie aber doch gar keine Kontrolle.

Der Herr: Wie meinen Sie das?

Das junge Mädchen: Nur so. Ich weiß natürlich nicht, vielleicht sind Sie anders organisiert als andere Menschen. Aber ich kenne wirklich herzensgute, liebe Menschen, die auf einem ähnlichen Punkt stehen. Zum Beispiel eine Tante, bei der ich den vorigen Winter verlebte. Jedesmal, wenn sie einem Bettler nichts gab, sagte sie: »Morgen schicke ich eine Postanweisung an die Blindenfürsorge, an den Mutterschutz oder an das Rote Kreuz. Da weiß ich doch, daß von dem Geld der richtige Gebrauch gemacht wird.« Und am andern Tag war keine Postanweisung im Hause, oder niemand hatte Zeit, auf die Post zu gehen, oder es war wirklich kein Geld im Hause, und man hätte eine Aktie verkaufen müssen – und das war doch gar nicht beabsichtigt. Kurzum – es wurde nie was geschickt. Gibt man aber dem Bettler auf der Straße, so weiß man, daß man wenigstens *etwas* getan hat.

Eine ältere Dame: Es bleibt widerwärtig, zu denken, daß sich solche Leute aus dem Betteln einen Beruf machen. Setzt sich da so ein Mensch bei der größten Kälte mit nackten zerschossenen Füßen an den Straßenrand. Das ist keine Bettelei mehr, das ist Industrie. Die Polizei sollte aufräumen.

Ein ganz junger Herr: Gerade der Gedanke an den Beruf stimmt mich milder. Soll die Polizei diese Leute hindern, ihren Beruf auszuüben? Und dieser Beruf ist sicher weder leicht noch angenehm. Ich kenne einen Bettler, der täglich seine zwölf Stunden an der Straßenecke steht. Eine siebzigjährige Frau, die jeden Abend von neun bis zwei Uhr morgens auf dem Kurfürstendamm hockt, in Wind und Wetter, Nebel und Regen. Können Sie solchen Leuten eine anständigere, lohnendere und dabei angenehmere Beschäftigung nachweisen? Könnten Sie es – die Leute griffen mit beiden Händen zu. Es ist doch alles Zweckmäßigkeit. Die Leute haben die Erfahrung machen müssen, daß sie auf diese Weise noch am weitesten kommen. Oder sollen diese gebrechlichen, körperlich oder mindestens moralisch arbeitsunfähigen Menschen Jüngeren, Gesünderen die Plätze wegnehmen in den gutgeheizten, luftigen, sauberen Fabriksälen?

Eine junge Frau: Ich gebe nichts auf der Straße, aber jedem, der an meine Tür klopft, einen Teller Suppe, etwas Gemüse und eine Käsestulle. Ich habe mir das ausgerechnet.

Der ganz junge Herr: Ausgerechnet?

Die junge Frau: Ja. Ich wohne im fünften Stock, ohne Fahrstuhl. Nun habe ich bemerkt, daß es fast immer dieselben Bettler sind, die meine Kundschaft bilden. Sie schleppen sich zunächst die schweren fünf Treppen hinauf und gehen dann langsam bettelnd die Treppen abwärts. Zugleich habe ich den Nachbarn im Hause diskret unter die Nase gerieben, daß man Bettlern was geben müsse, und zwar eine tüchtige Suppe, ordentlich Gemüse und Kartoffeln. Nun rechne ich so, wenn sich der Bettler bei mir satt gegessen hat, wird er sich ärgern, wenn er im vierten Stock dasselbe Menü bekommt. Im dritten Stock wird er wütend, im zweiten wird er einen verdorbenen Magen haben, und im ersten Stock und Parterre wird er gar nicht mehr klingeln. Hat er nun das ein- oder zweimal erfahren, so wird er sich in Zukunft nicht die Mühe geben, erst in den fünften Stock hinaufzuklimmen, sondern er wird – je nach den Appetitsverhältnissen – schon im zweiten oder dritten Stock anfangen und mich unbehelligt lassen. So spare ich mir das Essen und dem armen Kerl die anstrengenden fünf Treppen. –

Ein älterer Herr: Sehr christlich an Ihren Nachbarn handeln Sie nicht.

Die junge Frau: Aber das sind doch keine Bettler.

Ein ganz alter Herr: Man mag gegen Bettler sagen, was man will – aber eines muß man ihnen lassen, sie sehen alle unterernährt aus. Ich bin Arzt, und ich sehe mir die Leute ziemlich genau an. Viele sind krank, die meisten. Selbst wenn es wahr sein sollte, daß einige von ihnen glänzend beim Betteln verdienen – es ist bewunderswert, mit welcher Energie die Leute sich das Essen verkneifen, trotzdem sie Geld in der Tasche haben. Und das nur, um auf der Straße einen bemitleidenswürdigen Eindruck zu machen, der ihnen eben Geld einbringt.

Die ältere Dame: Das ist ja das Gemeine!

Der ganz alte Herr: Warum das Gemeine – vielleicht das Heroische!

Dezember 1923

Der angestrichene Mensch

Die Sonne ist sehr unzuverlässig; eben sendet sie noch ganz normale Strahlen, die in der Säulenvorhalle des ägyptischen Königspalastes scharfe, kinematographisch glänzend verwertbare Schlagschatten werfen. Im nächsten Augenblick ist sie hinter launischen Wolken verschwunden. Der Oberregisseur, die Unterregisseure, die General- und die gewöhnlichen Direktoren, die Operateure und was sonst wimmelt, senden zweifelnde, beschwörende Blicke gen Himmel. Zwar bewahrt man auch dem Himmel gegenüber eine gewisse direktoriale Gelassenheit. Aber die Situation erfordert eine Lösung. Denn in der tiefen Mulde des Steglitzer Sandbodens, auf Abhängen oder Vorsprüngen liegt, sitzt, kauert, schwatzt, raucht der angestrichene Mensch in zweitausend Exemplaren und kostet Geld.

Er ist morgens um neun zum Dienst angetreten, hat sich Wange und Augen etwas verschmieren, den hageren oder fetten Körper mit dünnem bemaltem Zeug behängen lassen. Am meisten wärmt noch der kokosgeflochtene Panzer der Krieger, den man später als Türvorleger gebrauchen kann. Man hat dem Krieger in der Waffenabgabe noch irgendein historisches Mordinstrument in die Hand gedrückt, und nun sitzt er da und kostet Geld.

Der angestrichene Mensch ist Berufsstatist oder Student oder Arbeitsloser. Er kann sich auch von einem zum andern entwickelt haben. Vom Arbeitslosen zum Berufsstatisten, vom Studenten zum Arbeitslosen. Auch ist er entweder männlich oder weiblich, was grundsätzlich entscheidend für die Wahl des Gewandes ist. Der nähere Befund ergibt weitere Differenzierungen; man unterscheidet Priester oder Krieger oder schlechthin Volk. Aber wenn die Sonne nicht da ist, spielt das keine bemerkenswerte Rolle: Man sitzt und schwatzt, raucht Zigaretten und kostet Geld. Und man friert. Einige heroische Jünglinge führen Schwertertänze auf, um sich warm zu machen. Äthiopische Schildträger spielen Zeck. Ägyptische Edelknaben lassen sich den Abhang herunterrollen. Betrachtet man den einzelnen, so bemerkt man, daß man es mit zweitausend Privatpersonen zu tun hat, deren Interessen mit denen des Oberregisseurs oder der Generaldirektoren selten identisch sind. Die Beziehung zur Kunst beschränkt sich bei den meisten Männern auf das Rasierenlassen. Bei den Frauen fällt auch dies weg. Züge der Eitelkeit sind dem weiblichen Geschlecht zu allgemein, als daß man in jedem Falle auf rein künstlerische Absichten schließen dürfte. Die echte, die überzeugend angestrichene Frau ist nicht eitel, sie übernimmt für ihr Äußeres so wenig Verantwortung wie für den Filmtext. Sie ignoriert ihre mangelnden Reize mit derselben Ruhe wie ihre überfließenden. Sie kommt, stellt sich dorthin, wo man sie hinbefiehlt, wundert sich nicht, friert und kostet Geld.

Ob die Einstellung zur eigentlichen Lebensfrage in allen eine bewußte ist, läßt sich kaum ermessen. Die Lebensfrage des angestrichenen Menschen ist ein Negativ der direktorialen. Diese heischt für einen langen Vormittag unausgesetzt pralle Sonne, um die körperliche Anwesenheit des angestrichenen Menschen voll ausnützen zu können. Der angestrichene Mensch liebt (wenn er sein Leben recht versteht) das unsichere Wetter, das der direktorialen Hoffnung Raum läßt, sie aber dann enttäuscht. Denn der verfehlte Tag bedeutet Arbeit für den nächsten Tag.

Der angestrichene Mensch ist nicht immer in der Lage, die künstlerischen Absichten des Oberregisseurs vollkommen zu verwirklichen. Mitschwingende Volksseele darzustellen ist nicht jedem gegeben. Jedoch steigert sich das Talent mit der Leidenschaftlichkeit der Aktion. Nichts kann der angestrichene Mensch so hinreißend, so vollkommen wie demolieren. Hier offenbart er einen Zug zur Größe. Auch macht er zuweilen eigenem chorischen Gefühle Luft. Die Arie »Zulage« liebt er tausendstimmig zu singen. Auch wird er jeweils um die dritte Nachmittagsstunde unruhig und will nach Hause.

Überhaupt ist die Frage, ob der angestrichene Mensch an sich glücklich sei, nicht schlankweg zu bejahen. Es scheint vielmehr, als könne er sich mit der Ablegung seiner zivilen Kleidung privater Sorgen nicht entledigen. Es ist vielleicht sogar eine überaus große Summe von Schmerz und Enttäuschung, die hier – nur matt überstrichen, aber nicht ausgewischt – herumsitzt, schwatzt und raucht und Geld kostet.

[1924]

Der Abend

Ein schmaler, aber langer Platz vor einem Bahnhof im Westen Berlins. Gegenüber der Eisenbahn eine fühllose, tausendfenstrige Häuserzeile. Vor ihr ein grüner, von hartem Eisengitter eingefaßter Rasenfleck, auch dieser schmal, nur in der Mitte sich bis auf zehn oder zwölf Meter verbreiternd. Kein Blumenbeet, aber acht Stück irgendwelcher Bäume, nicht zu dick und nicht zu dünn. Rings um die Raseninsel der Saum eines Bürgersteiges, der heftig von dem auf Steinpflaster hinrollenden, grausam lärmenden Verkehr bespült ist.

Auf diesem engen Bürgersteige nun steht ein Krankenliegestuhl, ein einfaches, zusammenklappbares Gestell. Auf Kissen gebettet ruht ein kranker Mann in Hut und Mantel. Seine Frau hat sich einen Hocker mitgebracht. Einige danebenstehende blaue Emailtöpfe zeigen, daß man sich häuslich niedergelassen hat, daß man hier die Mahlzeiten einnimmt.

Der durchsichtig bleiche Mann ist ein Sterbender. Einige Wochen oder Monate mögen ihm noch gegönnt sein. Sein Körper ist indessen schon zu schwach, um aus der nahen Wohnung den Weg bis zum Bahnhof zurückzulegen. Früher hat die Frau ihn vielleicht nach dem Wannsee gebracht und dort in die Sonne gebettet. Jetzt reicht die Kraft nur eben die paar Schritte bis zur Raseninsel.

Er sitzt ziemlich aufrecht, mit wachen Augen, die er auf dem Grün des Rasens und der Bäume ausruhen läßt. Er hat vielleicht die große Hoffnung, die der Trost dieser Kranken ist, und stellt sich vor, daß er in einigen Wochen ganz gesund sein wird. Mit dieser Hoffnung sitzen die Kranken auf den Höhen von Davos oder an der Riviera. Für diesen armen Mann ist die Raseninsel oder die strauchbewachsene Böschung des Eisenbahndammes Davos oder Riviera. Von dem Gepolter der Lastwagen, dem Lärm und Gestank der Automobile, von dem bohrenden Getöse der Straßenbahnen läßt er sich so wenig beirren wie von den Rauchschwaden der Lokomotiven, die vom Abendwind zuweilen bis auf das Raseneiland gefegt werden.

Der Spätsommerabend sinkt, die Dünste des armen Viertels röten sich. Für den hoffenden Kranken ist es *die wunderbare Stunde.* Die heimeilende, schwarze Menschheit, die rollenden, einförmigen Stadtbahnzüge, die Obstwagen mit den leuchtenden, gelben Birnen, die drohende Häuserwand mit den verrosteten, kaum noch einige verwelkte Blumen tragenden Balkonen – dies alles wird durch den rötlich-silbernen Nebel für ihn zur Schönheit gebunden. Ich sehe, wie seine Augen sich weiten, wie sein schmaler Mund sehr leise und zufrieden lächelt.

Wir aber, die ungeduldig vorbeihasten, lernen aus dem tiefen Blick: Es gibt nichts uns häßlich und banal Scheinendes, das nicht im Auge des Abschiednehmenden zum Wunder beweinenswerter Schönheit würde.

September 1921

Der Mann, der Käse und der Tod

Ich befand mich in dem außerordentlich reizvollen Delikateßladen der Firma A. & B. Die Farben und Düfte der ausgestellten Eßwaren erfüllten mich mit Bewunderung, ja mit Zufriedenheit. Obgleich mein Einkauf nur ein bescheidener sein konnte, machte mich der Anblick dieser Gaben sonderbar ruhig, und ich wünschte nur, der Verkäufer hätte an meiner Rechnung etwas länger zu addieren, um meinen Aufenthalt an diesem Vororte der Freude und des Genusses nach Möglichkeit auszudehnen.

Aus der Ruhe schreckte mich die grobe Stimme eines Mannes, der neben mich getreten war und meinen Verkäufer durch eine polternde Rede von seiner Arbeit abhielt. Er habe ein achtel Pfund Käse gekauft, das Stück zu Hause nachgewogen, und es fehle an Gewicht. Das lasse er sich nicht gefallen, auch nicht von der Firma A. & B. Ich sah mir den Mann etwas näher an. Er war nicht mehr jung, sein Gesicht mager, gelblich und durchfurcht, seine kleinen, dunklen Augen sprühten feurig. Schlank und hoch stand der Mann neben mir, sein dichter schwarzgrauer Schopf strebte fast aufrecht empor. Der Mann war ganz voll von Zorn und Empörung, also von Leben, und seine magere Hand zitterte, als sie das dürftige achtel Pfund Käse (es war sogar weniger) über den Ladentisch reichte.

Die Verkäufer kamen von allen Seiten des Ladens herbei. Aus ihren mißtrauischen Blicken erkannte man Verachtung für ein Achtel Käse wie für den Mann, der daran noch ein Fehlgewicht entdeckte. Die Angestellten der Firma A. & B.

sind indessen zu wohlerzogen, um Grobheiten zu erwidern. Sie ließen nur etwas ratlos das Stück Käse von Hand zu Hand wandern, bis der älteste Verkäufer damit im Hintergrund des Ladens verschwand.

Der zornige Mann war inzwischen zurückgetreten. Mein Verkäufer addierte wieder und war eben im Begriff, die von mir gekauften Waren zusammenzupacken, als hinter mir ein eigentümlich dumpfer Schlag laut wurde. Zuerst wandte ich mich nicht einmal um. Aber mein Verkäufer sah so ernst, gespannt, fast erschrocken an mir vorbei. Nun drehte auch ich den Kopf. Zwei Schritte hinter mir lag der Mann lang ausgestreckt am Boden, keuchend, bewußtlos, mit bläulichen Lippen.

Wenige Minuten später war er tot. Die Verkäufer hatten allen Groll rasch vergessen. Sie versuchten ihr Bestes, es war vergebens. Der Tod war eingetreten.

Ich zahlte meine Rechnung und ging in einer gewissen Beklemmung davon, in meinem Ohr trug ich noch die Bemerkungen der beiden Kassierer über den erschreckenden Vorfall. Der eine hatte gesagt: »Der Mann hatte sich zu sehr aufgeregt«, der andere: »Das kommt von der Unterernährung.«

Als ich aus dem Laden trat, fiel mein Blick auf eine Uhr. Es war vier Uhr fünf Minuten, und ich kam nach einigem Nachdenken dahin, mir zu sagen, es sei wohl ausgemachte Sache gewesen, daß diesen Mann am zweiten Oktober Punkt vier der Schlag treffen würde, gleichgültig, ob er sich zu Hause im Kreise seiner Familie oder bei dem Geschäft einer feindseligen Rechtheischung befunden hätte. Ich glaube weiterhin, daß es kein Zufall war, der diesen Mann zu seiner Todesstunde in den reizvollen Laden der Firma A. & B. trieb. Man sagt leichthin: Dieser Mann hat sich zu Tode geärgert. Und es ist vielleicht so, daß dieser Mann sich so ärgerte, weil er sterben mußte. Natürlich wußte er nicht, daß es der Tod war, der unerkannt ihn auf dem ganzen Wege verfolgte und mit ihm die Schwelle des Ladens überschritt. Dieser Schuft von einem Tode hatte vielleicht schon zu Hause die dürre Hand auf die Gewichtsschale gelegt und so den Tatbestand verfälscht.

10 George Grosz, Alte und junge Frau

Die Angehörigen von Leuten, die auf der Straße oder sonst so obenhin sterben, sagen gern: Der Liebe ist einen leichten und glücklichen Tod gestorben. Von diesem Manne möchte ich das eigentlich nicht behaupten. Auf ihn übten die würzigen Gaben der Firma A. & B. nicht die gleiche beruhigende Wirkung wie auf mich. So unbekannt uns die tiefsten Ursachen, die Urkeime jeglichen Geschehens bleiben mögen, dieser Mann starb an Ärger über Käse, wie ein Kind, das an einem verschluckten Pflaumenkern erstickt. Äußerste Konzession: Er starb, während er sich über Käse ärgerte. Mehr kann ich nicht nachlassen. Ich nehme zwei zunächst parallel laufende Geschehnisse an, von denen das eine plötzlich eine Biegung machte, um das andere abzuschneiden. Der Tod war stärker, und der Mann hörte auf, sich zu ärgern.

Wenn ich diesen Mann richtig erkenne, ist er selbst mit seinem Tod ganz und gar nicht zufrieden. Es ist immer unangenehm, während eines Prozesses zu sterben, inmitten einer ungeheuren Spannung auf den Spruch eines Richters. Auch dieser Mann verfocht eine Art Prozeß, er wollte sein Recht. Hätte er nach seinem Tode auch nur noch einen Augenblick Zeit zum Nachdenken gehabt, so würde er vermutlich etwas Wichtigeres gefunden haben, worüber er sich in seiner Todesstunde hätte ärgern können, als ein Stück Käse. Vielleicht aber hätte er sich im Bewußtsein des nahen Endes überhaupt nicht ärgern wollen. Das ist eigentlich das, was man aus diesem Fall lernen kann, namentlich wenn man zum Querulanten veranlagt ist. Viel nützt diese Erkenntnis übrigens nicht. Man stirbt dennoch, irgendwann, an irgendwas.

Sehr zu bedenken bleibt der Ausspruch des anderen Kassierers: es käme von der Unterernährung. Wie, wenn der Mann das Stück Käse – anstatt es nachzuwiegen und mit ihm den weiten Weg von der Wohnung bis zum Laden zurückzulegen – einfach gegessen hätte? Es war immerhin zumindest ein achtel Pfund Käse, dazu noch Brot und vielleicht ein Stückchen Butter. Er wäre davon nicht ganz satt geworden, aber er wäre wohl auch nicht so hungrig gewesen, wie er im Augenblick des Todes möglicherweise war. Seine Nerven hätten sich beruhigt, er wäre seiner Arbeit nachgegangen, vielleicht seinem Schicksal noch einmal ausgewichen?

Ich weiß es nicht. Dennoch erwächst aus diesen Gedanken die Achtung vor diesem Querulanten, vor seinem Charakter. Er hungerte lieber, als daß er auf sein Recht verzichtete. Er war ein Esel, aber ein Esel mit einem Zuge von Größe. Und jedes Zeichen von Größe ist wert, geachtet und gegrüßt zu werden. Oder nein, man soll ihn nicht beschimpfen; seine seelische Erregung war mächtiger als sein animalischer Trieb nach Sättigung und Genuß. Darin unterscheidet sich der Mensch vom Tiere. Hier starb ein Mensch, sein Tod war nur dazu da, das zu erweisen. Und auch, daß sehr wenig dabei herauskommt, wenn man ein Mensch ist.

[1924]

Der Bilderhändler

Herr Matzkowsky sitzt nun seit drei Tagen auf der Anklagebank, und ihm ist gar nicht gut. Ein Psychiater hat eine Studie über ihn veröffentlicht, die sechsunddreißig Seiten lang ist. Das stärkt doch nur vorübergehend das Selbstbewußtsein. Er ist so bleich, sieht noch so jung aus, bei allem, was schon war. Redet dazwischen, wenn es besser wäre, zu schweigen. Doch wenn er reden soll, fällt ihm nicht recht was ein.

Einiges kann man als Psychopath mit etwas, aber nicht völlig geminderter Verantwortlichkeit immerhin erreichen. Er besucht eine Höhere Schule, wird dann Kellner, erwirbt sich einige frühe Vorstrafen und geht für eine Weile in der Welt verloren. Dann wird er Maler, entführt die Braut eines anderen. Beim Militär kann man auch im Kriege den Psychopathen nicht gebrauchen. Er wird Bilderhändler, kauft waggonweise Bilder und verkauft sie, wird ein reicher Mann. Hat am Kurfürstendamm eine luxuriös eingerichtete Wohnung, wird entmündigt, mietet in der Bellevuestraße Räume für eine Galerie, doch vor der Eröffnung vernichtet ein Feuer Hunderte von Bildern. Die Revolution bricht aus. Der Psychopath erglüht spartakistisch. Er ist der Eroberer des Telegraphenamtes, vielleicht auch des Berliner Schlosses. Verhaftung, dann ins Irrenhaus zur Untersuchung. Schließlich Verurteilung zu achtzehn Monaten Gefängnis wegen Landfriedensbruch.

Die Annahme, er habe selbst die Bilder angezündet, wurde fallengelassen. Doch verblieb eine Anklage wegen Versicherungsschwindel, der wohl freilich nur im Falle der Brandstiftung Zweck gehabt hätte. Immerhin reichen die Indizien zum Eröffnungsbeschluß: Er hat den Versicherungsgesellschaften eine lange Liste von Bildern zur Entschädigung vorgelegt – neben Mengen ausgemachten Kitsches Namen wie Degas, Leibl, Manet, Monet, Cézanne. Die Anklage glaubt, daß die Bilder in Wirklichkeit gar nicht vorhanden oder wenigstens nicht echt gewesen seien. Schwierige Aufgabe für die Sachverständigen, darüber zu urteilen, ob Bilder, die entweder verbrannt sind oder gar nicht vorhanden waren, auch noch echt sind. Möglich, daß sie vorhanden waren, sagt der eine Sachverständige, denn die meisten Bilder mit berühmten Namen in den Bilderläden Berlins sind falsch.

Immerhin einige Bilder sind zur Stelle des Gerichts: ein theatralischer Papperitz, ein ganz unzweifelhaft echter; ein Lundberg. Dann Bilder von Stuck, Leibl, Manet. Fälschungen? Nein, sagt ein Sachverständiger, man kann nicht von gefälschten Bildern reden. Es sind Bilder, die irgendwer harmlos gemalt hat, ganz ohne Beziehung zu Stuck, Leibl, Manet. Nur die Unterschriften sind gefälscht. Aber reizvoller als die Bilder sind ihre Geschichte. Eigentlich waren es ihrer zehn, die Matzkowsky an den Kunsthändler Dahlheim verkauft hat, und zwar auf Grund eines wunderschönen Kontrastes. Der Kaufpreis war (1920!) 150000, wovon Dahlheim sofort 50000 zahlte. Er hatte sich aber das Recht ausbedungen, von Sachverständigen die Echtheit der beiden Bilder von Leibl und Manet (an Stuck zweifelte er nicht) nachprüfen zu lassen. Waren sie unecht, so sollte Matzkowsky das Recht haben, bis zu einem gewissen Termin gegen Rückzahlung der 50000 Mark die zehn Bilder wieder an sich zu nehmen. Sie waren unecht; Matzkowsky bot aber zu spät die 50000 Mark zum Rückkauf an, worauf Dahlheim erwiderte, nach dem Kontrakt gehören die zehn Bilder nun ihm, und er gäbe sie nicht her. Nicht die echten und nicht die falschen.

Die Sachverständigen vor Gericht brauchen die Bilder nur flüchtig zu besehen, um ihre Unechtheit festzustellen. Wußte aber Matzkowsky, daß es kein Leibl und kein Manet waren? Die Sachverständigen lächeln – warum soll Matzkowsky wissen, was Herr Dahlheim auch nicht weiß. Noch besteht ein Prozeß der Matzkowskyschen Konkursmasse gegen Dahlheim auf Herausgabe der Bilder – er gibt sie nicht.

Die Beweisnahme ist zu Ende. Vor Beginn der Plädoyers werden die Zeugen entlassen. Aber Herr Dahlheim tritt noch einmal hervor: »Kann ich meine Bilder gleich mitnehmen?«

»Bitte«, sagt der Vorsitzende lächelnd – und das Lächeln fliegt vom Gericht zum Staatsanwalt, zu dem Verteidiger, zu den Zuschauern, als Herr Dahlheim seine Bilder einpackt, den echten Papperitz und die falschen Leibl und Manet und auch den falschen Stuck, von dem man nicht weiß, ob er an dessen Echtheit oder an dessen Falschheit nie gezweifelt hat.

Matzkowsky wird freigesprochen. Das Gericht kann die ihm zur Last gelegten Handlungen nicht als erwiesen ansehen. Nun geht er wieder hinaus in die Welt, wo so viel Bilder sind; er hat vielleicht nichts mehr als seine psychopathische Veranlagung. Aber die macht sein Leben interessant, und er ist vermutlich sehr gespannt, wie es weitergeht.

Februar 1922

Der Minister im Freien

WTB meldet*: *»Berlin,* 23. Mai. Der preußische Landwirtschaftsminister Dr. Wendorf besuchte am Schluß der letzten Woche die Höhere Gärtnerlehranstalt Berlin-Dahlem und besichtigte die Kulturen in den Gewächshäusern wie die Blütenpracht im Freien.«

Man klagt so mancherlei über das Wolffsche Telegraphenbüro. Man soll auch nicht zögern anzuerkennen, wenn es mal was leistet. Die Meldung über den Besuch des Landwirtschaftsministers in Dahlem ist ein Meisterstück offiziöser Berichterstattung. Sie wird nicht nur der vollzogenen Tatsache gerecht, sondern auch dem Gefühl. Man beachte den feinen Unterschied. Bei den Gewächshäusern wird von »Kulturen« gesprochen. In der Tat: Bei diesem Worte sieht man die Pflanzen auf Befehl sprießen, sie vollziehen sozusagen eine ministerielle Verordnung, indem sie keimen, wachsen, blühen, Früchte tragen. Sie sind sich des Augenblicks bewußt, da ein Minister zur Besichtigung erscheint. Für einen Augenblick erglühen sie tiefer, duften zärtlicher, um die Sinne des höchsten Vorgesetzten aller preußischen Blumen für sich einzunehmen. Und sogar vor dem hinter dem Minister schreitenden Wolff-

* *WTB* – Abkürzung für Wolffsches Telegraphenbureau. Im gleichen Jahr wie die Reuters Telegram Company gegründet. Entstand 1865 aus dem bereit seit 1849 in Berlin (Charlottenstraße, Ecke Zimmerstraße) bestehenden »Telegraphischen Korrespondenzbureau B. Wolff«. Wolff (1811–1879) schloß in der Folgezeit Kartellverträge mit allen großen internationalen Nachrichtenagenturen.

Berichterstatter neigen sie sich und flüstern ihm ins Ohr: »Wenn Sie die Güte hätten, mich zu erwähnen . . .« Das sind die Kulturen unter den Gewächsen, also etwa das, was man bei Menschen Kreaturen nennt.

Dann aber tritt der Minister ins Freie, in das sogenannte, in das überwältigende Freie. Der WTB-Mann, der ihm folgt, kann sich hier nicht mehr halten. Er prägt das Wort »Blütenpracht«. Es ist ihm, als geschehe es zum ersten Male, daß ein Minister ins Freie getreten sei. Auch dort blüht man wohl, wie es sich in einer Gärtnerlehranstalt schickt, nicht ohne reifliche menschliche Überlegung. Aber es ist den Blumen ums Herz, als seien sie erst richtige Blumen, wenn sie im Freien blühen. Sogar der WTB blüht auf, seine Brust weitet sich. Hier flüstert ihm keine Kokette mehr was zu – man bemerkt ihn gar nicht, auch den Minister bemerkt man nicht mal, sie sind beide zur Natur zurückgekehrt, gewissermaßen Blumen geworden; die Sonne gibt ihnen Farbe, und schon kommt ein Schmetterling geflattert, der im leichtbegreiflichen Irrtum hier auf der Nase des Ministers ein bescheidenes Plätzchen sucht.

Nachschrift des WTB: »Berlin, 23. Mai. Die Blättermeldung, daß sich gelegentlich eines Besuches des preußischen Landwirtschaftsministers in der Gärtnerlehranstalt Berlin-Dahlem ein Schmetterling auf die Nase des Ministers gesetzt habe, beruht auf böswilliger Entstellung.«

Mai 1922

Im Garten des Deutschen Reiches

Der Reichspräsident und Frau Ebert hatten zu Ehren der Wiener Sänger zum Tee geladen. Was zieht man an? Die Frage wurde schon am frühen Morgen diskutiert. Auf der Karte keine Vorschrift – aber ein deutbarer Hinweis: »bei schönem Wetter im Garten«. Ich mustere die Schätze meines Kleiderschrankes. Cut? Aber die Maiensonne lacht, und ob mein Cut noch die Sonne verträgt? Der hellbraune Covertcoat ist um so vieles reizvoller. Man sieht ihm seine vier Jahre nicht an, und in dieser Saison habe ich ihn noch nicht angehabt; er ist das schönste Kleidungsstück der Familie, das Edelste. Mein Entschluß war gefaßt – und ich führte ihn aus.

In der Stadt begegnete ich komischen Leuten. Sie sagten: »Welch ein wunderbarer Anzug!« Ich nickte befriedigend: »Ich bin heute beim Reichspräsidenten zum Tee.« Darauf Naserümpfen: »*So* wollen Sie zum Präsidenten gehen? Man zieht hier dunkel an.« – »Aber«, meinte ich, »erstens Garten, zweitens Demokratie.« – »Macht nichts, beim Oberhaupt des Reiches trägt man sich dunkel.« – Ich aber ließ mein Vertrauen auf Garten, Sonne und Demokratie nicht erschüttern: Wenn der Präsident mich fragt, so werde ich ihm gestehen, es sei mein bester Anzug.

Er hat mich nicht gefragt. Aber es war vielleicht dennoch nicht ganz richtig. Die Wiener Sänger waren nämlich im Frack. Sie brauchen sich nicht zu entschuldigen. Auf einer solchen Reise von Empfang zu Konzert kommt man aus dem reinen Hemd sozusagen nicht heraus. Doch der Abstand vom Frack zum Covertcoat war etwas weit.

Als ich den Garten betrat, gab's bei mir eine kleine (innere) Hemmung. Man hatte mir Stock und Hut abgenommen, ich war durch einen himmlisch kühlen Salon geschritten – nun stand ich auf der Treppe, die in den köstlichen Garten hinabführt. Da, ziemlich vorn, in einer Gruppe dunkler Herren ministerieller Prägung im schlichten grauen Kleid die hochgewachsene Frau des Hauses. Ich bin ihr nicht vorgestellt, von den Herren kenne ich keinen. Der Weg ist ziemlich schmal. Wie komme ich da vorbei?

Wie war's schon 1911 bei Fallières?* Jemand fragte mich nach meinem Namen, verstand ihn falsch, stieß ein unmögliches Wort von sich. Händedruck, Verbeugung, die Sache war erledigt. Ich konstatierte: Der Herr, der die Namen falsch versteht, fehlt vorläufig oder hat heute Ausgang. Und einfach hingehen, zur Gattin des Reichspräsidenten: Mein Name ist Soundso . . . das geht doch auch nicht.

Ich fasse mir ein Herz, schreite voran. Die Hausfrau macht eine leichte Wendung, schenkt mir ein freundliches Lächeln, ich verneige mich im Vorübergehen.

Vielleicht war's falsch. Aber ich gestehe, mein bißchen Angst galt nicht der würdigen Frau des Hauses. Aber bei den Herren von ministerieller Prägung verschluck ich mich innerlich aus Mangel an Selbstachtung. Nur aus Gewohnheit.

Ich stoße in ein nicht zu dichtes Gewühl von dunklen Herren und finde endlich einen Kollegen, der so einsam ist wie ich, und nun fühlen wir uns sicher, nun schauen wir uns um.

Wie hübsch ist es hier – eigentlich genau dieselbe Dekoration wie in den Champs-Élysées. Nur ist dort der Garten nicht so groß, so parkartig. Aber auch hier das breite, längliche Rasenparkett, der Springbrunnen, der freilich ein bißchen gar zu bescheiden tröpfelt. Nun sehe ich auch den Herrn des

* *Fallières,* Clement Armand (1841–1931); französischer Politiker. Seit 1882 wiederholt Ministerpräsident und seit 1899 Präsident des Senats. Während seiner Amtszeit (1906–1913) wurde die endgültige Trennung zwischen Staat und Kirche in Frankreich vollzogen.

Hauses, der freundlich plaudernd von Gruppe zu Gruppe geht. Seine große Personalkenntnis erspart ihm den Herrn, der die Namen falsch nennt. In jeder Gruppe kennt er mindestens einen, und die Vorstellung vollzieht sich zwanglos. So spricht er mit Musikern, Dichtern, Journalisten, Politikern. Man sieht den weißen Feuerkopf von Siegfried Ochs, den verträumteren Georg Schumanns, den lächelnden Ludwig Fuldas.

Wir kennen das Gesicht Fritz Eberts eigentlich zu wenig. Es ist sonderbar genug. Gesellschaftliche Heiterkeit braucht sich dieser Süddeutsche nicht erst abzuringen. Aber es ist in diesen schweren, dunklen, von den Brauen seltsam überzackten Augen ein fast gleichbleibender Ernst, ein Erfülltsein von Verantwortung, ein Irgendwas, das zurückbleibt vom Nachdenken über unlösbare Probleme. Auch Minister sind da, schütteln Hände, finden sich auf Minuten zu einer Fortsetzung der Kabinettssitzung zusammen. Da schreitet Rathenau in tiefem Gespräch auf dem Rasenteppich, da lacht hell und kräftig Köster, von dem erzählt wird, er habe in einer großen antialkoholischen Bewegung das Ehrenpräsidium übernommen. Eben schreiten, fürstlich geführt, Gerhart Hauptmann und seine Frau an uns vorbei.

Indessen stellen sich die Sänger in Reih und Glied. »Wenn zwei sich nur gut sind, sie finden den Weg . . .« Ein Liebeslied, heiter, sorglos – und nun zum politischen Symbol geworden.

Der Präsident spricht; klar, kräftig tönt seine Stimme. Er sagt nichts Außerordentliches. Es gehört zum Takt der Staatsoberhäupter, nicht das Außerordentliche zu sagen. Dafür sind Dichter und Minister da. Er gibt nur Umrisse, die jeder nach Phantasie erfüllen, beleben kann. Aber er gibt auch sein Herz zu erkennen, die ruckweis bewegten Arme helfen mit.

Und es antwortet der Wiener, mit der Hand auf dem Herzen: Eigentümlich windet sich der schlanke Körper, barock. Und sonderbar gewundene Sätze kommen ihm vom Munde. Nein, man darf sie nicht auf ihren Bau prüfen. Aber diese barocke Gestalt auf dem Rasen, welch merkwürdiger und zu Herzen gehender Ausdruck des Willens eines Volkes!

Noch ein Gang, dann eine allgemeine Wendung zu den weißen Tischen, wo eben der Tee kredenzt wird. Keine prunkenden Torten stehen da, aber ein ausgezeichneter Kuchen und erfrischende Butterbrötchen sind bereit. Im besten geselligen Beieinander geht es zu Ende. Noch ein Schreiten durch den tiefer grünenden Garten.

Man ist bei Präsidentens gewesen.

Mai 1922

Das Volk ohne Fahne

Tiefe Ruhe, Grabesruhe in der Wilhelmstraße. Es ist Sonnabend nachmittag, die City ist eben schon entvölkert. Auf den paar Ministerien ist Schwarz-Rot-Gold auf Halbmast. Nur die Standarte des Reichspräsidenten, dem Winde ausgesetzt, flattert tüchtig. Die anderen Fahnentücher haben sich schweigend und trauernd an die Stange geschmiegt. So tut es das Sternenbanner der amerikanischen Botschaft, der Union Jack auf der englischen und auch die Trikolore auf der französischen Botschaft. Es ist diplomatische Höflichkeit der Missionen, Freude und Trauer der Nationen mitzufeiern, bei denen man lebt.

Aber Dutzende von Fahnenstangen, mit einem Blick übersehbar, ragen kahl und nackt in den Himmel. Das deutsche Volk hat keine Fahne. Ein Hotel macht eine der ganz wenigen Ausnahmen. Lange Straßenzüge dasselbe schweigsame, fahnenlose Bild. Ich gehe an der Spree entlang; von der Kuppel der AEG* wehen zwei Fähnchen – es sind schwarzweiße – also zur schwarzrotgoldenen hat's selbst in dem Hause nicht gereicht, das sozusagen Walther Rathenaus engste Heimat ist.

Ich habe natürlich zu Hause auch keine, und wir halten alle keine. Als die Abstimmungstage in Oberschlesien** waren,

* *AEG* – Abkürzung für: Allgemeine Electricitäts-Gesellschaft; 1883 von E. Rathenau gegründet. Heute: AEG-Telefunken.

** Der Versailler Friedensvertrag (1919) sah Volksabstimmungen über die endgültige staatliche Zugehörigkeit Oberschlesiens, Masurens und Westpreußens vor. Nach dem Plebiszit vom 20. März 1921 beschloß der Völkerbund die Teilung Oberschlesiens.

habe ich versucht, eine zu kaufen. Die Fahnenfabriken fielen auf meine telefonische Anfrage hin sozusagen auf den Rücken. Immerhin, man war bereit, in drei bis vier Wochen eine zu liefern. Preis: kolossal, außerdem freibleibend, nur nichts greifbar.

Und wir müssen die Fahne haben, wir müssen dieses Opfer bringen, wir haben's ja im Kriege gebracht, warum nicht jetzt?

Richtig – es liegt uns nicht. Wir haben keinen Geschmack an der Politik der Straße. Wir Deutsche leben nicht auf der Straße, deshalb machen wir da auch keine Politik.

Aber es muß sein, denn Straßen haben wir, und der Feind der Republik macht keine Politik auf der Straße, er meuchelt auf der Straße. Wir haben nicht mehr zu fragen, ob's *richtig* war, daß wir die Farben änderten; jetzt ist vielleicht alles richtig. Denn der Kampf wäre auch ohne Farbenänderung gekommen, nur hätten *wir* dann vielleicht *kein* Symbol gehabt. Jetzt haben wir eins.

Nun hilft nichts als das Bekenntnis, auch wenn's Geld kostet. Wenn die erste Straße in Schwarz-Rot-Gold starrt, dann werden wir sehr andächtig vor dem ernsten, schönen, aber rauschenden Akkord stehen. Gewiß – man hätte Grund, der ehrlichen schwarzweißroten Fahne Tränen nachzuweinen. Aber sie ist besudelt, und wir waren es nicht, die sie unbrauchbar gemacht haben zum Ausdruck unserer Freude, unserer Trauer.

Aber wo kriegt man die Fahne her – die einzige, die heute noch taugt? Wo sind unsere tüchtigen Kaufleute, die sonst jede Konjunktur ausnützen? Ein Valutaartikel ist es allerdings nicht. Aber es muß sein, ihr Industriellen: Webt schwarzes, rotes und goldgelbes Fahnentuch! Preiset an, sagt, welchen Rabatt ihr bei Massenbestellungen gebt. Und Republikaner: Merkt euch die Kaufhäuser, die an den Tagen des Festes oder des Leides unsere Fahne nicht führen! Merkt sie euch! Ihr sollt keine Fenster einschlagen, das liegt uns nicht. Aber geht eine Straßenecke weiter, wo unsere Fahne gehißt ist!

Die Zeiten sind schwer. Es ist dem einzelnen nicht leicht, fünfhundert oder tausend Mark zum Fenster hinauszuhängen.

Viele können es wirklich nicht, weil sie's einfach nicht haben. Aber jeder hat ein bißchen was. Man legt zusammen. Es genügt ja eine Fahne für jedes Haus. Muß man sich in den Mieterräten von nichts unterhalten als von den Kohlenvorschüssen? Auf der nächsten Tagesordnung jedes Hauses stehe: Gemeinsame Anschaffung einer schwarzrotgoldenen Fahne! Jawohl, wir wissen: *Der* Herr und *jener* Herr werden vielleicht sagen: Fällt mir nicht ein, ich bin kein Republikaner. Aber wenn von zehn Männern acht Republikaner sind, dann werden die zwei überhaupt gar nicht den Mund auftun, sondern stillschweigend die Börse ziehen. Weil sie bekanntlich sehr mutig sind.

Oder schickt die Portiers vor, mit einer Sammelliste. Man kann sehr viel gegen unsere Portiers sagen, aber Republikaner sind sie, und wir zittern alle vor ihnen. Wer wagt es, mit seinem Portier anzubandeln?

Die Regierung schreie es in Aufrufen durch das Land. Sie gönne uns Zeit – zwei, drei Monate, und dann ordne sie den Fahnentag an, vielleicht Allerseelen zum Andenken an alle, die für das Vaterland gestorben sind. Bis dahin müssen alle Fahnen fertig sein, und dann wollen wir zeigen, wir wollen aber auch sehen, wer wir eigentlich sind.

Juni 1922

Ich ziehe eine Panzerweste an

Man ist auf den menschenfreundlichen Gedanken gekommen, die Berliner Kriminalpolizei mit Panzerwesten auszustatten. Sogenannten Schaumannschen, denn der Erfinder heißt Schaumann. Sie sollen unbedingt widerstandsfähig sein gegen Handfeuerwaffen aller Systeme, selbst bei seitlichem Schuß. Die Panzerweste ist eine Metallkomposition, die dem Träger die denkbar größte Bewegungsfreiheit läßt, da sie in allen Teilen beweglich ist.

Dagegen ist einzuwenden: Wozu braucht die Panzerweste beweglich zu sein? Ist etwa auch nur irgendein Körperteil, der mit einer Weste bedeckt wird, je nach unserm Willen beweglich? »Herr Schaumann, können Sie mit der Milz wackeln?«

Zweitens: Die Polizei wird ausgestattet. Na, und wir? Die Polizei gehört zu den lebensgefährlichen Berufen, wir gönnen ihr jeden Schutz. Aber unter der Fülle von Morden bilden die an Polizisten doch die Minderzahl. Gewöhnlich werden doch wir gemordet, und ein Polizist steht selten dabei. Wir werden raub- und lustgemordet, eventuell sogar aus politischen Motiven.

Daraus schließe ich, daß die Panzerweste die große Mode der nächsten Saison wird. Sie wird es schon deshalb, weil ich mir vorgenommen habe, die Weste obendrüber zu tragen. Zunächst war es immer mein Ehrgeiz, eine neue Mode zu kreieren. Dann aber aus folgender Erwägung. Wenn der Mörder sieht, daß ich eine Panzerweste anhabe, daß ihm die Schießerei nichts nützt – vielleicht schießt er dann erst gar nicht. Dies wäre mir unter allen Umständen das liebste.

Ferner möchte ich aber gleich darauf hinweisen, daß es doch noch andere edle Körperteile gibt, die durch eine Weste gemeinhin nicht gedeckt werden. Zum Beispiel der Kopf. Wir werden also Herrn Schaumann bitten müssen, seine Metallkomposition nach den verschiedensten Richtungen zu einer Kombination (deutsch: Combinaison) zu erweitern, mit Kapuze. Schornsteinfegermäßig. Aber metallschillernd, leuchtend. Mit der man auch zu Bett gehen kann. Denn die Verbrecher kommen meistens nachts, wo sie das Gefühl haben, am wenigsten zu stören.

Den Mördern selbst muß das Tragen von Panzerwesten selbstverständlich verboten werden. Die Humanität hat ihre Grenzen.

September 1922

Schupo in Blau

Wir werden von der Entente miserabel regiert. Die Völker der Entente werden zwar sagen, daß wir kein Recht darauf haben, besser regiert zu werden als sie selbst, aber wir waren anderes gewöhnt, und deshalb dürfen wir klagen – schon aus dem Grunde, weil es das einzige ist, was wir dürfen.

Schon vor zwei Jahren war davon die Rede, daß die Schupo blau sein sollte. Es macht natürlich auf schüchterne Ausländer einen beängstigenden Eindruck, Schutzleute in graugrüner Uniform zu sehen. Diese Farbe paßt sich dem Berliner Asphaltgelände zu vollkommen an. So vollkommen, daß manchmal kein einziger Schupomann zu sehen ist. Männer und Frauen können in aller Ruhe bis aufs Hemd ausgeplündert werden, Diebe steigen in Wohnungen, Autos halten vor Nacht-Schlemmbetrieben in den verkehrsreichsten Straßen – kein Schupo ist zu sehen. Es ist natürlich überall einer, man sieht ihn bloß nicht, weil er damit beschäftigt ist, sich dem Gelände anzupassen.

So geht das nicht weiter, und die Kommission hat angeordnet, daß die Schupo blau zu sein habe wie die Polizei anderer Länder. Genauso blau, und nicht nur montags.

Die Frage des Uniformschnittes ist nach zweijährigem Studium geordnet – die Schultergeflechte fallen fort. Ich weiß nicht, woran die uns regierende Kommission durch die Schultergeflechte erinnert wurde – aber lassen wir sie fallen.

Wie schlecht wir indessen regiert werden, sieht man daraus, daß die Stiefel- und Gamaschenfrage noch nicht gelöst ist. Wie anders war das früher. Wenn Wilhelm II. eine neue Uniform entwarf, fing er bei den Stiefeln an. Das übrige war eine Kleinigkeit. Ja, das waren Zeiten. Heute aber . . .

Ich finde, von Gamaschen sollten wir weiter nicht reden; die Kommission könnte dadurch nur gereizt werden. Gamaschen erinnern an die Zeit Friedrich Wilhelms des Ersten. Es ist nicht angebracht, an so lang vergangene Zeiten zu erinnern.

Schwierig ist natürlich die Stiefelfrage. Ein umstrittenes Gebiet. Gelbe Stiefel erinnern an den Krieg, schwarze an den Frieden. Stulpenstiefel machen einen kavalleristischen Eindruck, Schnürstiefel einen luxuriösen, den sich ein besiegtes Volk nicht zu leisten hat. Doppelsohlen erinnern an Durchhalten, einfache sind zu elegant. Ich würde Pantoffeln vorschlagen, aber die stellen eine Kriegswaffe dar.

Nein, das Problem kann unsereiner nicht lösen. Die Kommission, die uns so miserabel regiert, kann es auch nicht. Man rufe Wilhelm II. zurück. Jetzt sehen wir erst, was wir an ihm hatten.

Januar 1923

Das Schupoglöckchen

Die Überfälle auf nächtlich Heimkehrende mehren sich. In den dunklen Seitenstraßen lauern dunkle Gestalten, stürzen sich auf uns, halten uns an Stelle einer Legitimation des Devisenkommissars die geballte Faust vor die Nase, schlagen uns – wenn sie gut gelaunt sind – nur halb tot und berauben uns des letzten Dollars oder Dollarschatzscheins, der uns am Busen ruhte.

Da ist es dann ein Trost, zu hören, daß man beschlossen hat, an den *belebtesten* Stellen der Stadt Alarmglocken anzubringen, mit denen der Überfallene sich rasch einen Schupomann herbeirufen kann. Nun geben wir uns der stillen Hoffnung hin, daß die Herren Verbrecher uns nur noch an den belebtesten Stellen der Stadt überfallen. Womöglich da, wo gerade ein Schupomann postiert ist. Dann könnte man sich sogar die elektrische Signalglocke schenken und den Klingelknopf am Schupomann, vielleicht am Bauch, direkt anbringen. Man drückt dem Schupomann auf den Bauchknopf, und er merkt, daß man überfallen ist.

Wenn die neue Methode Erfolg haben soll, muß die Schupodirektion allerdings noch folgendes beachten: Es gibt in Berlin bekanntlich eine ganze Anzahl von Straßenecken, die nächtens überaus lebhaft bestanden sind. Zumeist halten sich dort Schwerverbrecher auf, manchmal auch anständige Leute, die sich gerade noch gute Nacht sagen wollen. Wenn sie das nun tun, so kommt unweigerlich ein Schupomann und fordert zum Weitergehen auf. Gemeint sind natürlich die Schwerverbrecher, denen die Polizei nicht gestatten will, sich in größerer Zahl zu versammeln.

Warum eigentlich nicht? Ich weiß nicht, ob Schwerverbrecher immerzu verbrechen. Aber das weiß ich: Solange der Halunke an der hellerleuchteten Straßenecke steht, tut er bestimmt nichts Böses. Man hätte also alles Interesse daran, daß diese Herrschaften möglichst dauernd an der Straßenecke stehen. Aber nein, man vertreibt sie. Wohin? In die stillen Nebenstraßen. Was tun sie da? Sie überfallen uns, ebenfalls vom Schupomann Vertriebene, die wir ja auch das größte Interesse daran hätten, uns möglichst lange in der Nähe des am Schupobauch befindlichen Druckknopfes aufzuhalten.

So treibt man jene zum Verbrechen – uns brave Leute aber in den Tod. Ist das schön? Nein. Also gehen wir lieber abends nicht aus. Bleiben wir zu Hause, da ist es auch ganz nett, und der Schwerverbrecher, wenn er sich einige Mühe gibt, findet uns auch dort.

November 1923

Politisches

Zu einer Diktatur gehört nicht nur ein starker Regent, sondern vor allem ein (wenn auch ungeordnetes) doch starkes Volk. Michelangelo war gewiß ein großer Bildhauer. Aber er modellierte nicht in Butter, geschweige denn in Margarine.

Eine der merkwürdigsten Tatsachen ist, daß die deutsche Politik in all ihrer Verworrenheit – also doch wohl auch Mannigfaltigkeit – vollkommen aufgehört hat, interessant zu sein. Ein Elefant, auch im Nymphenburger Porzellanladen, macht nur Scherben – kein Furore.

Die Hofmänner und Politiker Wilhelms des Zweiten sind dumm genug, ihre Memoiren herauszugeben, nur um zu beweisen, daß sie wenigstens klug waren. Daß sie zugleich beweisen, keine Männer gewesen zu sein, bemerken sie nicht. Wenn die Republikaner ihre Memoiren schreiben werden, wird sich vielleicht dasselbe Resultat ergeben.

Wenn Wilhelm die Wahrheit hätte hören wollen, wäre er vermutlich nicht um den Thron gekommen. Wer die Republik retten will, wird ihr die Wahrheit sagen müssen. Das Unglück Deutschlands ist, daß selbst die Feinde der Republik nichts zu ihrer Rettung beitragen. Sie sagen ihr die Unwahrheit. Die paar ehrlichen Republikaner, die die Wahrheit vielleicht sagen würden, kennen sie nicht.

11 Adolf Dehn (ohne Titel)

Es gibt einige Frauen, die man lieb behält, auch wenn man sie persönlich kennenlernt. Bei politischen Dingen ist es nahezu unmöglich.

Wer recht hat, muß auch mal Erfolg haben, sonst hat er unrecht. In Deutschland haben (seien wir gerecht) alle Menschen von ihrem Standpunkte recht. Und keiner hat Erfolg.

Seit 1914 hoffen wir auf die Uneinigkeit unserer Gegner. Sie wird vermutlich in einem Augenblick Tatsache werden, wo wir nichts sehnlicher zu wünschen haben als ihre Einigkeit.

Merkwürdig, früher waren die Menschen nach Anschauungen und Idealen geschieden. Heute wollen alle dasselbe: nämlich Geld, und nur über die Methode, es zu verschaffen, ist man verschiedener Ansicht.

So viele Menschen ich kennenlernte, ich begegnete nur einem einzigen, der den glühenden Ehrgeiz hat, in den Reichstag gewählt zu werden. Es ist ein wahrhaft erfinderischer und produktiver Geist. Ich schließe daraus zweierlei: 1. Man muß ein Original sein, um sich nach dem Reichstagssitz zu sehnen. 2. Im Reichstag sitzt kein Original.

Man kann es von einem Menschen, vielleicht von einem Dutzend Menschen verlangen, daß sie ihre Zeit und ihr Vermögen dem Wohle des Volkes opfern. Nicht von sechshundert Parlamentariern. Ich will diesen gar nicht vorwerfen, daß sie ihre Parlamentsmitgliedschaft als eine Gelegenheit zur Besorgung ihrer Privatgeschäfte bewußt mißbrauchen. Die Sache liegt viel schlimmer. Sie betrachten sich als Treppen, als Vertreter eines bestimmten Durchschnitts von aber Tausend Menschen, deren Interessen mit den ihrigen gleichlaufen. Daher der Durchschnitt.

Die militärische Hohe Schule wird, vielleicht nicht mit Unrecht, immer auch als eine Hohe Schule des Charakters gerühmt. Es ist kein Gegenbeweis, wenn dargetan wird, daß es einige Schüler gab, die auf dieser Schule nichts gelernt haben. Aber es ist ein Unglück, daß man sich an die Vorstellung gewöhnt hat, die Politik sei die Hohe Schule des Gegenteils von Charakter.

Trotz aller inneren Zerklüftung: Wir verstehen uns alle gegenwärtig viel zu gut. Man braucht nicht viel Rednergabe, um heute einen Kommunisten, morgen einen Rechtsradikalen davon zu überzeugen, daß a) die reichen, b) die armen Leute irgendwie leben müssen. So sind wir alle krampfhaft bemüht, das Wahre und Rechte zu suchen – und stehen erstaunt vor dem, was dabei herauskommt. Wir haben auch sehr unterrichtete und kluge Sachverständige. Könnte es schlimmer sein, wenn einer da wäre, der gar nichts verstände, der gar kein Organ für Andersgesinnte hätte – sondern nur das täte, was er gerade wollte – aber das auch täte, täte, täte?

Jeder Deutsche ist uneingeschriebenes Mitglied der Nationalliberalen Partei. Bis auf die eingeschriebenen Mitglieder. Diese hospitieren woanders.

Dezember 1923

Zentralheizung und Republik

In unserem Haus ist kein Beschluß gefaßt worden, für das nächste Jahr Kohlen zu kaufen. Es wurde nicht etwa ein Beschluß gefaßt, keine Kohlen zu kaufen. Es ist schon so, wie ich sage: Es ist überhaupt kein Beschluß gefaßt worden. Auf der Mieterversammlung waren von fünfzehn Parteien nur fünf erschienen, trotzdem auf der Einladung die Wichtigkeit des zu verhandelnden Gegenstandes betont war. Man kam nicht. Das einzige Beachtenswerte dieser Versammlung war die Amtsniederlegung des Mieterrats. Ein neuer wurde nicht gewählt, auch stellte sich niemand freiwillig zur Verfügung. Diese Mieterversammlung wäre nicht der Rede wert, wenn sie nicht in den meisten andern Häusern auf die gleiche Weise verlaufen wäre. Man ist dumpf entschlossen zu frieren. Einige von uns haben Öfen gekauft, aber wir wissen ganz genau, daß die wenigen und unzureichenden Kamine unmöglich die Ofenheizung eines ganzen Hauses in sich aufnehmen können.

Wir sind also dumpf entschlossen, im nächsten Jahre zu frieren, wir haben uns auch vorgenommen, uns nicht zu wundern, wenn die Kamine platzen und das Haus auseinandergeht.

Diese dumpfe Entschlossenheit und das Nichtwundernwollen ist das einzige, was uns Bewohnern eines Hauses gemeinsam ist. Es sind unter uns Kaufleute, höhere Beamte und Rechtsanwälte – also Leute, die bei Ausführung ihres Berufes ohne eine gewisse Voraussicht nicht vorwärtskommen. Es sind unter uns Arbeiter und Angestellte, die ihre irgendwie erträgliche Existenz nur dem Zusammenschluß der Berufsgenossen verdanken. Und dennoch sind wir in den letzten Wochen und Monaten mit stummem Gruß aneinander vorbeigegangen, ohne uns auch nur eine Sekunde der für uns alle gleich lebenswichtigen Frage der Heizung zu widmen. Keiner ist wie ein Aufwiegler treppauf, treppab von Tür zu Tür gerannt, auch kein Cäsar ist erstanden, der die Geschicke des Hauses im eigensten Interesse in die Hand genommen hätte.

Zur Mieterversammlung erschienen fünf und faßten keine Beschlüsse. Nur der Mieterrat legte sein Amt nieder. Wenn ich daran denke, frage ich mich immer: Was wird aus unserer Republik?

Und kein Cäsar ist erstanden. Und wenn ich daran denke, frage ich mich: Was wird nun erst aus der Monarchie?

März 1923

Der lächelnde Portier

Da saßen wir nun alle zusammen an dem langen Tisch der Budike. Wir Fremden. Die ehemalige Hofschauspielerin, der alte Rechnungsrat, die verwitwete Frau Rechtsanwalt, der Buchmacher, das alleinstehende adlige Fräulein, der Bettstellenfabrikant, die geschiedene zimmervermietende Doktorsfrau, der alte russische Emigrant mit dem melancholischen Augenaufschlag und noch einige. Der Budiker stellte alle Augenblicke was vor uns hin. Jeder trank was anderes. Da war Hellbier, Tee, Kaffee, Schnäpse, Weißbier. Denn wir waren einander Fremde, mit höchst verschiedenen Bedürfnissen und Gewohnheiten, nur zusammengebunden durch einen zufälligen Tatbestand: Wir bewohnen alle dasselbe Haus. Und in der Budike spielten wir Mieterversammlung.

Den Hauptgegenstand unserer Tagesordnung hatten wir eben erledigt: die Heizung. Nun schwiegen wir erschöpft, sahen uns fremd an; denn zu Privatgesprächen bestand keine Veranlassung. Da nahm der Bettstellenfabrikant noch einmal das Wort und proponierte eine freiwillige monatliche Gabe an den Portier. Dieser Mann werde für eine halbe Million Koks, unser gesamtes Gesellschaftsvermögen, in Verwaltung haben. Es sei in unserem Interesse, den Mann zufrieden zu stimmen.

Der Buchmacher spuckte kräftig aus und fing gleich an zu schreien: »Diesem Proleten keinen Pfennig! Ungehobelter Patron! Auch noch Geld in den Rachen werfen!«

Der russische Emigrant, der Bankfilialvorsteher, das alleinstehende adlige Fräulein traten für den Portier ein. Aber die geschiedene Doktorsfrau sagte: »Ich sehe auch nicht ein, daß man dem Mann noch was extra geben soll.«

»Hat er sich denn gegen Sie unziemlich benommen?« fragt man sie.

»Unziemlich kann man nicht sagen. Aber wenn ich ihn was frage, dann gibt er mir nur ganz kurz Antwort.«

Jemand sucht zu beruhigen: »Aber sehen Sie, gnädige Frau, Sie fragen heute nach der Warmwasserheizung, aber Sie doch nicht allein. Da kommen alle zwanzig Mieter, und zwanzigmal muß er dasselbe antworten.«

»Dazu ist er doch da!« schreit der Buchmacher.

»Überhaupt, der Mann verdient ein fabelhaftes Geld in der Fabrik«, röchelt der alte Rechnungsrat.

»Er grüßt allerdings auch nicht sehr freundlich«, sagt das alleinstehende adlige Fräulein.

»Nein, gar nicht freundlich«, sagt die verwitwete Rechtsanwältin.

Wieder spricht der brummende Emigrant: »Ich kann mich durchaus nicht beklagen, der Mann ist immer sehr höflich, nimmt die Mütze ab.«

»Ja«, sagt die Doktorsfrau, »die Mütze nimmt er ab, aber er lächelt nie dazu.«

»Niemals«, sagt das adlige Fräulein, »man lächelt doch.«

»Selbstverständlich«, sagt der Rechnungsrat.

»Ich lächle doch auch«, sagt die ehemalige Hofschauspielerin.

»Der Mann hat zu lächeln!« schreit der Buchmacher.

Die Debatte dauerte sehr lange. Endlich wurde der Beschluß gefaßt, daß der Portier eine freiwillige monatliche Gabe von insgesamt tausend Mark zu erhalten habe, unter der Voraussetzung, daß er in Zukunft die Hausbewohner auf das liebenswürdigste begrüßen werde.

Der Bettstellenfabrikant als Mieterrat sagt trocken: »Gut, ich werde dem Manne sagen, daß er in Zukunft zu lächeln habe.«

Niemand lächelt. Kein Mundwinkel zuckt. Alles schweigt im höchsten Ernst sittlicher Befriedigung. Dann steht man auf, zahlt, geht nach Hause, eine kleine Karawane in stockdunkler Straße. Alle gehen in dasselbe Haus. Das Licht flammt auf. Die Herren nehmen die Hüte ab, die Damen neigen die Köpfe. Niemand lächelt. Die Türen werden aufgeschlossen, klappen zu: Stille.

Der Portier schläft schon. Er lächelt im Traume.

[1924]

Was man so hört

Müde, müde schiebt sich das Restchen von einem Menschen über die Straße. Ganz gekrümmt ist schon die uralte Dame, die auf dem gelichteten Scheitel ein irrsinnig keckes Kapotthütchen trägt. Aber gehen kann sie immer noch, und so trägt sie durch den Frühling ihr gramvoll zerknittertes Gesicht. Oft treffe ich sie, und immer ist sie mir wandelndes Denkbild der Verzweiflung. Und neben ihr als Darstellerin der vollkommensten Hoffnungslosigkeit die unverheiratet gebliebene Nichte oder Enkelin, angegraut, angegruselt vom Sinn des Lebenmüssens. Mit schlaffen Lippen, trüben Augen, durchfurchter Stirn unter den blöden, nickenden, verblichenen und verstaubten Rosen des gelben Strohhutes.

Und da ich vorbeikomme, sagt die längst nicht mehr Junge zur Uralten: «. . . du ziehst einfach das Schwarze mit den seidenen Ärmeln an.«

Der feiste Herr im Autobus sagt: »Und anstatt auf die Bank zu gehen und die zwölftausend Dollars hinzubringen, die ich doch schon verkauft hatte, brennt mir der Junge einfach durch – es war keine Kleinigkeit für mich. Drei Monate hat ihn die Polizei gesucht, und endlich haben wir ihn. Zehntausend hat er noch gehabt.«

»Na, und wieviel haben Sie ihm gelassen?«

»Wie meinen Sie das?«

»Ich meine bloß, so ein glänzendes Geschäft haben Sie doch lange nicht gemacht. Sechzig Millionen hat er Ihnen gestohlen, dreihundert hat er zurückgebracht.«

»Hm«, sagt der feiste Herr, «ich habe auch schon daran gedacht. Wenn er aus dem Gefängnis kommt, engagiere ich ihn als Kassierer.«

Wir gehen Salamander kaufen. Meine Tochter sagt, ein Salamander koste nur dreißig Mark; und ich finde das billig. Wenn der Salamander 30 steht, muß man kaufen. Als wir hinkommen, steht er schon 1 200. Da ziehen wir alle lange Gesichter. Die Inhaberin der Tierhandlung bedient inzwischen ein kleines, offenbar den arbeitenden Schichten angehöriges Mädchen, greift in einen Glasbehälter, wodrin es bräunlich wimmelt, und zieht drei Maikäfer hervor. Ich frage: »Was kostet so ein Maikäfer?«

»Fünfundzwanzig Mark.«

Das hätten wir uns ja nun leisten können, indessen wurde keine Nachfrage geäußert. Wir gehen also wieder auf die Straße. Ein paar Schritte weiter rennen uns zwei Jungens entgegen, haben Maikäfer auf den Händen.

»Wolln Se Maikeefer koofn, fuffzich Mark Stick for Stick!«

»Ihr seid wohl nich janz richtig«, sage ich, »drieben in die Vogelhandlung kosten sie nur finfundzwanzig!«

»Wat – nur finfundzwanzig? Au, da müssen wa hin, die missen wa koofen!« und verschwinden.

Und wo der Maikäfer 50 steht, haben wir gedacht, Salamander steht 30. Man hat eben doch keine Ahnung.

Mai 1923

Die guten Bürger

Im großen hohen Saal eines Bierhauses sitzen Bürger des Berliner Ostens, diese braven anspruchslosen und so echten Berliner, die den glänzenden Zug nach dem Westen nicht mitgemacht haben, die auch in ihren alten liebgewonnenen Mauern einen behäbigen Wohlstand zu pflegen wußten. Sie sind nicht mehr behäbig. Ihr Zusammensein erzeugt nicht mehr den leise-fröhlichen Lärm, der in Bierstuben zu Hause ist. Sie haben nämlich auch kein Bierglas mehr vor sich stehen. Oder doch nur die wenigsten. Macht es die sehr sparsame Beleuchtung, die all diese Menschen so bleich und mager erscheinen läßt? Oder?

Oder. Nicht politische Leidenschaft hat diese Menschen, die den Saal bis auf den letzten Platz füllen, hergetrieben. Vielleicht der Name des Redners, *Georg Bernhard.** Möglich. Aber der tiefste Grund ist ein anderer: die in diesen Wochen gerade für den einst so ruhigen Bürger qualvolle Erkenntnis, daß die Politik aufgehört hat, Sache nur der Politiker zu sein, daß sie täglich schmerzlicher in das Leben des einzelnen ein-

* *Bernhard,* Georg (1875–1944); Volkswirtschaftler, Journalist und Politiker. 1920–1930 Chefredakteur der »Vossischen Zeitung« in Berlin. Führendes Mitglied der Deutschen Demokratischen Partei, gehörte zum konsequent demokratisch-republikanischen Flügel. Wechselte später zur Radikal-Demokratischen Partei. 1933 Emigration nach Paris. Dort Gründung des »Pariser Tageblattes« und 1936 der »Pariser Tageszeitung«. Unterzeichnete 1937 den Aufruf zur Bildung einer deutschen Volksfront. 1941 Übersiedlung nach New York.

greift und es bestimmt. Und nun erwacht das heiße Streben, die Zusammenhänge zu erkennen, die eigene Not im Weltbild dargestellt zu sehen. Einen Mann zu hören, der vielleicht den Ereignissen näher steht, der in vorderster Reihe mitkämpft. Sie kommen in der Hoffnung auf Hoffnung. Wird sie ihnen werden?

Und vor ihnen steht ein Mann, der das erschütternde Bekenntnis ablegt: Er hätte gewünscht, unrecht gehabt zu haben, es erfülle ihn mit Schmerz, daß seine Politik sich als die richtige erwiesen habe. Koketterie? Nein, denn die von ihm bekämpfte Politik hat das Unheil des Vaterlandes hervorgebracht. Und dieses Unheil ist für jeden so spürbar, daß es wahrlich kein Trost ist, recht gehabt zu haben und zu sehen, daß heute – wo es vielleicht zu spät ist – als letztes Mittel versucht wird, wofür man selbst als Vaterlandsverräter geschmäht wurde.

»Vielleicht war meine Politik dennoch die falsche. Vielleicht wäre Frankreich auch auf das ehrlichste und vernünftigste Angebot nicht eingegangen, weil es eben den Rhein und die Ruhr für sich und die Zertrümmerung Deutschlands wollte. Dann aber wäre *Frankreich* in den Augen der Welt diskreditiert gewesen – und nicht *wir,* nicht so, wie wir es wirklich sind.«

Und nun schildert er das Elend, in dem wir stecken. Das Elend unserer inneren Zerklüftung, die furchtbare Gefahr, die uns von dem Abenteurer Ludendorff droht. Den Leichtsinn, die Unehrlichkeit der Finanzgebarung, den Skandal der Ruhrgelder.

Und wie er so spricht, mache ich mich für Augenblicke von seinem Worte frei. Ich sehe ihn so, wie ich die andern sehe, die vor ihm sitzen: Er ist auch einer, der nach Hoffnungen sucht und der sie eigentlich nicht mehr sieht.

Aber sein Lebensgefühl ist ganz wach, ganz ungebrochen. Das treibt ihn, Geschehnisse und Zusammenhänge darzustellen, ja zu gestalten. Immer wieder muß er den behenden und erfinderischen Geist auf die Suche nach neuen Möglichkeiten schicken. Eben begräbt er eine Hoffnung, aber im nächsten

Augenblick polemisiert er wieder – als sei alles noch gar nicht so schlimm, als könne Auseinandersetzung und Aussprache noch etwas nützen.

Und er spricht Berlinisch – dieses himmlische Idiom, das zwar für Skepsis, aber für Pessimismus gar keine Ausdrucksmöglichkeiten hat. Weil unser Berlinertum immer ein »Durch« ist, durch alle Ekelhaftigkeiten. Und sonderbar: Ich lasse mich verführen wie die anderen. Ginge es dem Wortlaut nach, müßte der Vereinsvorsitzende am Schluß verzweifelt aufspringen, die Haare raufen, sich die Brust schlagen und schreien: »Was sollen wir tun? Gibt es denn keine Möglichkeit für unser geliebtes Vaterland?«

Aber der gute Bürger steht geruhsam auf, dankt dem Redner artig für die ausgezeichneten Darlegungen, die den gegenwärtigen Zustand in seinem vollen Ernste zeigen; immerhin lasse Bernhards prophetischer Geist erkennen, daß doch noch Hoffnungen bestehen ... Sonderbares Volk. Wir Deutsche. Wir Berliner (inklusive Bernhard).

September 1923

Tagebuch eines Nichtsteuerpflichtigen

Hurra, ich hab keine Villa! Sehnsucht, Ziel, Zweck meines Lebens war eine Villa. Selbstverständlich über 50 000 M. Wehrbeitragswert. Ein Villenbesitzer hat mir gesagt, man kann an seiner eigenen Villa pleite gehen. Soviel Devisen muß man dafür zahlen. Ich kann nicht pleite gehen, ich habe nur das Ziel meines Daseins verfehlt – ich atme auf.

Als ich zwanzig Jahre war, nahm ich mir vor, eine Reihe sehr schlechter Stücke zu schreiben, die mir unerhört viel Geld einbringen sollten. Davon wollte ich dann das meiste den wirklichen Dichtern abgeben (ich war sehr edel) – für mich nur eine Kleinigkeit oder vielmehr drei Kleinigkeiten behalten: eine Villa am Meer, eine im Gebirge und eine am Wannsee. Die schlechten Stücke habe ich geschrieben, aber an den drei Villen bin ich vorbeigekommen. Ich säh jetzt schön aus. Die richtigen Dichter mögen mir verzeihen, daß ich ihnen nichts abgegeben habe. Aber es ging zufällig nicht; ich rechne mich deshalb noch nicht zu ihnen.

Eher fühle ich eine innere Verwandtschaft mit einem Bürohausbesitzer. Ein Bürohaus ist eine ausgezeichnete Angelegenheit, mit der man sehr viel Geld verdienen kann. Was hat man schließlich von einer Villa? Man wohnt höchstens drin. Eine Villa beweist allenfalls, daß man früher mal Geld besessen hat. Wer klug ist, läßt die Villa gar nicht auf seinen Namen gehen und den offiziellen Besitzer behaupten, es sei ein Miethaus. Auf die Idee wäre ich nie gekommen. Aber ein Bürohaus kann man ruhig haben und davon glänzend leben. Meine

12 P. Erkens, Berlin O

innere Verwandtschaft mit dem Bürohausbesitzer indessen besteht darin, daß auch er keine Devisen abliefern muß.

Schade, daß ich mir in meiner Jugend nicht vorgenommen habe, ein Bürohaus zu besitzen. Ich hätte dieses Lebensziel vermutlich auch verfehlt. Aber ich könnte mich heute noch danach sehnen, und ich brauchte mich nicht zu freuen, keine Villa zu besitzen.

Denn – wer freut sich gern über sein eigenes Unglück?

August 1923

Die Zeitung

Am späten Abend vor einem Bahnhof. Ein großes schwarzes Lastauto der Reichsbank ist vorgefahren. Unter großen Vorsichtsmaßregeln werden die postfertigen Milliardenpakete auf die Handkarren gelegt. Ein kleiner Kreis von Andachtsvollen steht herum. Ein Kriminalbeamter fordert uns zum Weitergehen auf; es gibt – fragt er – doch nichts zu sehen dabei. »Nein – Herr Kommissar«, verschweigen wir, »wir stehen hier nicht, um zu sehen – sondern um zu *fühlen*. Wir sind erschüttert, und wir sind darüber hinaus sogar ein wenig gerührt, mit welcher Vorsicht und Sorgfalt mit den lumpigen Millionen umgegangen wird.«

In meinem gefühlvollen Schweigen merkte ich nicht die Annäherung einer älteren, sehr mageren Dame.

»Verzeihung, mein Herr, können Sie mir vielleicht das Abendblatt abkaufen?«

Ich verstand nicht recht. Es war ja auch keine Zeitungshändlerin, sie hatte einen Hut auf dem Kopf, einen wippenden Hut mit was drauf. In der Hand nur eine ziemlich große Tasche.

Sie wiederholte ihre Frage und gab eine Erklärung: »Mein Sohn ist abgereist und hat mir beim Abschied die Zeitung gegeben, er hatte sie schon gelesen. Ich lese die Zeitung doch nicht, aber ich kann das Geld anders verwenden. Übrigens steht der Preis drauf gedruckt: vierzigtausend Mark.«

Die sehr schmalen Lippen der Dame zitterten etwas. Aber die hellen und harten Augen waren mit unerbittlicher Strenge auf mich gerichtet. Willenlos zog ich die Geldtasche, zahlte und nahm aus ihrer Hand eine etwas zerknüllte, wirklich schon gelesene Zeitung.

»Sehen Sie, der Preis steht drauf.«

Dann war die Dame plötzlich verschwunden – wie untergetaucht.

Ich sah mir noch mal die Billionen an. Dann dachte ich: »Sicher hat die Dame mir eine Zeitung vom Tag zuvor verkauft.« Nein, es stimmte. Ob die Dame auch sonst die Wahrheit gesagt hat? Man könnte sich denken: ein neues Gewerbe. Vielleicht eine Raffinierte, die erst irgendwem die Zeitung abbettelt, um sie dann zum regulären Preise zu verkaufen.

Alles mögliche kann man sich denken, nur nicht, daß diese ältere, sehr magere Dame dies oder jenes aus Übermut und Lebenslust – sozusagen zum Vergnügen treibe.

August 1923

Der Billetthändler

Ich treffe auf der Straße meinen Freund, den jungen Philosophen. Er sieht ganz gut, ganz heiter aus – bei aller Dürftigkeit seiner Erscheinung. Wir reden über das, was er tut. Nein, diese Zweifel bei diesen Philosophen! Aber er kommt darüber hinweg zur Heiterkeit.

»Immerhin«, sagt er – »denken Sie, mir hat ein Gönner das Geld zu einer Italienreise geschenkt. Ich bin ja so glücklich – nun will ich mal drei Monate lang gar nicht an mir zweifeln, *ob* ich nun Philosoph bin und *ob, wenn* ich Philosoph bin, meine Philosophie richtig ... Dabei ist mir heute was sehr Komisches passiert. Das muß ich Ihnen erzählen. Denken Sie, ich gehe wegen meines Passes auf die Polizei. Der Beamte holt meine Papiere hervor, da sagt er plötzlich: *»Sie sind Billethändler?«*

Ich bin zuerst ganz starr. Dann fällt mir ein: Vor zehn Jahren habe ich für mich und einen Freund zwei Opernbillette besorgt. Ich ging an die Kasse, der Freund wartete im Kassenraum. Ich händigte ihm das zweite Billett aus, er zahlte mir das Geld. Im selben Augenblick wurde ich von einem Kriminalbeamten erwischt und vierzehn Tage später wegen verbotenen Billetthandels zu drei Mark Geldstrafe verknaxt. Und denken Sie, seit dieser Zeit – seit zehn Jahren – habe ich in meinen Akten mit roter Tinte den Vermerk ›Billetthändler‹, und den behalte ich nun bis an mein Lebensende.«

»Aber«, sage ich, »haben Sie nun wenigstens den Beamten aufgeklärt?«

»I wo«, sagt er lachend, glückselig. Dann wurde er ein ganz klein wenig ernster. »Sehen Sie, ich fühle mich sogar viel besser, freier, menschlicher, seit ich weiß, daß ich einen Beruf habe. Ich weiß nun, ich bin Billetthändler, und vor allem die Polizei weiß es auch, und was die Polizei weiß, das ist immer eine sehr klare, sichere, einwandfreie Sache. Aber wenn ich der Polizei nun auseinandergesetzt hätte, ich wäre Philosoph – was sollte sie mit etwas anfangen, wovon ich selbst nicht weiß, *ob* – und wenn ich wüßte, *daß, ob dann* . . . Philosophie ist vielleicht ein Irrtum, bestenfalls eine Passion, keinesfalls ein Beruf. Ich bin überzeugt, wenn die Polizei wüßte, was Philosophie sei, sie würde das viel schwerer bestrafen als Billetthandel . . . glauben Sie mir: besser so.«

Nickt, lacht und verschwindet.

Januar 1924

Sechstagerennen

Durchbruch der Front: Schwarze, unheimliche Menschen belagern den Sportpalast. Ich lege die linke Hand in die Herzgegend, wo meine goldene Uhr – die rechte auf die Stelle der rechten hinteren Hosentasche, wo meine Brieftasche sitzt. So – der berühmten Attitüde der Venus nicht unähnlich, wage ich den Sturm. Man zerrt mich, man hält mir gefälschte Karten vor die Nase, man brüllt mir ins Ohr, man zupft mich, man greift mich – der Menschheit ganzer Bowel packt mich an. Ich komme durch, habe Uhr und Brieftasche und keineswegs ein beunruhigtes Gefühl. Eins weiß ich: Heute wird bei mir zu Hause nicht eingebrochen – sind ja alle hier . . .

Die Gesellschaft: Ich will keinem zu nahetreten – man könnte klebenbleiben –

Erstes Gefühl: Mitleid mit den armen Menschen, die da unten auf der Bahn sechs Tage, sechs Nächte . . . Einer, der sie kennt, sagt mir ins Ohr: Nicht so schlimm, die schlafen während des Rennens mehr als sonst in einem Monat. Das tötet mein Gefühl, das einzige – und nun habe ich gar keins mehr.

Sportgespräch: Die Amerikaner stürzen vor. Ein Sachverständiger sagt neben mir: »Die Amerikaner siegen, wie sie wollen.« Am Nebentisch sagt jemand: »Die Amerikaner siegen, wie sie wollen.« Ein Neuling setzt sich an unsern Tisch, wirft einen Blick auf die Bahn und sagt: »Die Amerikaner siegen, wie sie wollen.« Eine Sportautorität wechselt mit uns einen Händedruck und sagt: »Die Amerikaner siegen, wie sie wollen.« – Ich werde nachdenklich und überlege mir eben, ob ich mich im gleichen Sinne äußern soll. Aber plötzlich siegt ein Deutscher, dann wieder ein Deutscher ... Niemand sagt: Die Deutschen siegen, wie sie wollen. Siegen sie nun eigentlich wider Willen?

Musikkritik: Jeden Morgen gegen halb eins – so sagt man mir – nimmt eine Kapelle im Innenraum der Bahn Platz und spielt als zweites Stück: »Deutschland, Deutschland über alles ...« Darauf klatscht der elegante Innenraum, während die Horde auf der Galerie pfeift und johlt. Zuweilen siegen die Klatscher, zuweilen die Pfeifer. Jemand sagt: Es gibt keine Nation, die ihre Nationalhymne auspfeift. Ein anderer sagt: Ich bestreite, daß die Nation auf der Galerie des Sportpalastes sitzt – aber es ist ein Skandal, daß Behörden und Veranstalter es dulden, wie hier mit der deutschen Nationalhymne Schindluder getrieben wird. Eine junge Dame sagt: Ich verstehe die Musiker nicht, die das immer wieder der Menge ausliefern. Das Stück ist doch von Haydn.

Die Unterhaltung: Wenn wenigstens ein Clown da wäre. Seine Stelle nimmt ein Zeichner ein, der mit flinker Hand durch den Projektionsapparat zum Publikum spricht oder auch Mitteilungen an Gäste richtet, wie: Herr Mayer soll mal zum Pförtner kommen. Als Bauer die Prämie von Breitensträters Schwiegervater Lauer erobert (Landaufenthalt auf Lauers Landgut), dichtet der Clown: *Bauer kommt zu Lauer.* Das war der Höhepunkt. Sonst schreibt er vielfach nur, um den geistigen Verkehr zwischen den oberen und unteren Schichten aufrechtzuerhalten. »Dreitausend Zigaretten dem Olymp, wenn er zehn Minuten die Schnauze hält.« Und der Olymp antwortet stolz: »Der Heuboden kauft sich seine Marken allein.« Zehnmal kommt »knorke« vor, zwanzigmal »ausgerechnet«. Dann wird furchtbar gelacht.

Stimmung: Drei Uhr morgens: Im Kasino fließt der Sekt. Im Innenraum fließt der Sekt. Ein Pärchen küßt sich da unten. Ein Betrunkener tanzt vor der Kapelle. Ich sage: Ich darf meine anständige Tasse Tee im Café nicht länger als bis um 12 Uhr nachts trinken; die jungen Leute dürfen in diesem Jahr nicht öffentlich den Karneval feiern. Aber wenn sechs Tage hintereinander immer hintereinander geradelt wird – dann kann, wer hineinkommt, sich einen Platz erobert, erschwindelt, erschoben hat, Sekt trinken bis um 6 Uhr früh.

Sport: Nehmen wir an, es sei sehr wichtig, sechs Tage hintereinander zu radeln – es sei unerhört wichtig ... Es sei als denkbar zugegeben, daß – wie Leute, in deren Brust es dichtert – es in den Beinen anderer Leute unwiderstehlich strampelt. Niemand hindere sie – mögen sie sich ausleben! Aber wenn ihnen der Sport Ernst ist, so mögen sie nicht dulden, daß der Sport eine Ausrede wird.

Heimwärts: Allein im Auto. Ich komme mir immer anständig vor. So anständig wie nach diesem Abend allein im Auto – selten!

Februar 1924

Zinnsoldatenausstellung

Der Katalog allein ist ein Geschäft. Kein überwältigendes, aber ein nettes und behagliches. Er kostet zwar nur zehn Pfennig, was knapp die Spesen bringt. Aber er hat fünf Seiten Text und dreizehn Seiten Inserate. Selbst wenn man davon zwei Hausinserate für die veranstaltende »Deutsche Zeitung« abrechnet, so bleibt das Verhältnis ein vorzügliches. Man sieht förmlich, wie die Agenten des rührigen Verlages von Erfolg zu Erfolg rasten: Fabrikanten von Spielzeugen, Ordens- und Vereinsabzeichen, Hühneraugenmitteln, Schnäpsen, vaterländischen Ansichtskarten, Totschlägern, Kriegsmarineflaggen geben sich in diesem Anzeigenteil ein Stelldichein.

Nach diesem freundlichen Erfolge sah sich die »Deutsche Zeitung« selbstverständlich und anstandshalber, vielleicht sogar mit Vergnügen, genötigt, auch die zum Kataloge gehörige Ausstellung zu veranstalten, und man muß es dieser Sachwalterin treudeutscher Kapitalien zugestehen, daß sie mit altpreußischer Sparsamkeit verfuhr. Sie mietete ein Zimmer in einem Fabrikhofgelände der Steglitzer Straße, wo sowieso niemand hinkommt – und siehe da, das Zimmer reichte aus für die beabsichtigte Schau. Ja, es ist noch etwas Platz für treudeutsche Propaganda geblieben.

Der einzige Ausstellungsgegenstand ist die zinnsoldatische Darstellung einer »Stellungsdivision« – ein Riesentisch mit aufgepapptem Gelände, Häusern, Zäunen, Brücken. Und dazwischen sieht man nun Zinnsoldaten hin und her ziehen, angreifen, fliehen. Und sterben ließ man einige. Der Verferti-

13 Walter Trier, Der Spatzenschreck

ger ist ein Leutnant a. D. *Sander,* und der das Werk empfehlende Generalmajor Graf. v. d. Goltz sagt, daß Sander das dargestellt hat, »um sich klarzumachen und mit Freunden zu besprechen, was man anders hätte machen können als damals unter den überwältigenden Eindrücken – also um zu lernen.«

Ich habe lange davorgestanden, habe mir klargemacht und sogar einiges gelernt. Denn in dem Bilde fehlt nichts, auch nicht ein über dem Ganzen schwebender Zeppelin, der aus naheliegenden praktischen Gründen mit Strippe an einem elektrischen Beleuchtungskörper angemacht ist.

Außer mir sah ich in der Ausstellung wenig Leute. Und das ist gut so. Da ist nämlich noch ein Tisch mit altem und neuem Spielkram, Helmen, Puppen, Bären. Dabei ist auch eine Fahne mit dem Bilde Wilhelms, und rechts und links davon hängen zwei Hampelmänner aus Pappe. Ich muß jedoch sagen, daß diese Zusammenstellung die kümmerlichen Reste meines sympathischen Gefühls beleidigte. Denn das ist das Komische, daß diese Leute nicht mal für ihre eigenen Dinge den nötigen Takt aufbringen. Vielleicht ist das aber auch das Tröstliche.

Vielleicht aber auch hatten sie gar nicht mit Besuch der Ausstellung gerechnet, sondern nur mit dem Katalog. Das würde manches erklären.

September 1924

Tintenfische

Das deutsche Volk, das bisher nur verarmt war, ist nun auch noch *entärmelt* worden. Die letzten nackten Arme sah ich auf dem Markt in Palermo; feucht, kalt und untereinander vermanscht, lagen sie in den Körben; wunderbare glibbrige Tintenfischarme, die man so gern ißt, wenn man das Glück hat, in Palermo geboren zu sein.

Jetzt gehen die Tintenfische auf dem Kurfürstendamm spazieren. Ein Naturforscher soll den Dingen beherzt ins Auge sehen, gewiß. Auch auf die Arme, wenn es sein muß. Indessen, wir sind doch nicht alle Naturforscher.

Wir haben die Sache mit den kurzen Röcken erlebt. Es war schon damals gegen die kurzen Röcke nichts zu sagen – nur einiges gegen den auf alle Frauen jeglichen Alters geübten (moralischen) Zwang, die Beine zu zeigen – komme dabei heraus, was immer da wolle. Nun gut, wir haben die Beine gesehen, wir kennen jetzt alle Beine, die da kreuchen – wir haben uns an sie gewöhnt. Wir haben der Arme bei jener Gelegenheit gar nicht gedacht. Wir waren nicht neugierig, und von Armen war ja gar nicht die Rede.

Nun aber, sollen wir sehen, was es für Arme gibt. Seit einem guten Jahr wird die Angelegenheit schon in der intimen Häuslichkeit, im Theater oder auch auf Festlichkeiten behandelt. Damals sagte die sonst reizende, nur im Punkt *Oberarm* nicht ganz edle Frau Soundso: »Ich kann mich zur Ärmellosigkeit noch nicht entschließen.« Aber nun, wo es sich um die Straße handelt, da kann sie nicht umhin. Da muß sie.

Und wir müssen zusehen. Die Hitze beschleunigt den Prozeß. Runter mit die Ärmel! Niemals noch ließ sich ein Kleid rascher modernisieren wie in diesem Jahr. Man schneidet die Ärmel ab.

Nun hängt jeder Person weiblichen Geschlechts rechts und links was Weißliches, Rötliches, Gelbliches von der Schulter herunter. Ach, und es ist nicht immer die Tugend, die sich sehen lassen kann. Manchmal ist es gerade umgekehrt. Aber schließlich, es handelt sich ja um kein uns Männern zugedachtes Vergnügen. Sondern um was sachlich Daseinmüssendes.

Erleben wir's.

Wer sich dabei durchaus amüsieren will, kann ja kontrollieren, ob alle geimpft sind. Denn das haben unsere Tintenfische vor den von Palermo voraus. Bei uns sind sie geimpft oder sollten es wenigstens sein. Man zählt am besten die ungeimpften. Abends am Familientisch erzählen sich Väter und Söhne, wieviel ungeimpfte jeder gesehen hat.

Wer am meisten – hat gewonnen.

Mai 1924

Ein klein, zwei klein ...

Drei klein – fünfundvierzig klein Negerlein, nachts im Admiralspalast auf der Probe. Zuerst, wenn man den fast schwarzen Kapellmeister den Stab heben sieht, wenn die ersten Töne hart und unverschmolzen aus dem geigenlosen Niggerorchester dringen, glaubt man an eine bräunliche Blasphemie. Dann, wenn's zu tanzen und zu wirbeln anfängt, denkt man sich: Eine hübsche Varietenummer. Aber im Laufe der nächtlichen Probe, wenn in endlosen Pausen rote, blaue, weiße Scheinwerfereffekte auf bräunlicher Haut ausprobiert werden, wenn man mit den farbigen Kindern schwatzt und lacht, ihre Lust an ihren Künsten, ihren Stolz und ihre Bescheidenheit ahnen lernt – dann versinkt das Theater, und es bleibt ein Gefühl: ein Volk. Ein sonderbares, das man aus dem Urzustand – etwa bis zur Höhe unseres primitivsten Vergnügungsniveaus gehoben hat. Das wäre nun sehr fad, wenn dies Volk nicht in die fragwürdige Emanzipation etwas Unverlierbares mitgebracht hätte: Afrika. Das europäische Amerika gab die Allüren, gab den mondänen Schmiß, ließ bei den meisten, die hier sind, die Wangen bis zu einem sehr lieblichen Kaffeebraun bleichen; es befreite die Stimmen aus dem gaumigen Mißklang, drückte in die schwarzen Hände funkelnde Instrumente.

Aber was sie mit den Instrumenten machen, ist ihre eigenste Sache. Das Orchester: keine Streicher, vier Holzbläser, die keine mehr sind, die abwechselnd Flöte, Oboe, Klarinette, Saxophon – dieses in allen möglichen Formen und Abarten – spielen. Drei Trompeten, eine Posaune, eine

Gitarre, ein sehr vielfältiges Schlagzeug und eine Riesentuba, ein ungetümes Susaphon, das sich der Spieler wie eine Boa constrictor um den Leib legt. Alle Nuancen der Instrumentation: ein fortwährendes Vertauschen der Instrumente, die bald grell schneidend, mal süß schmachtend erklingen wollen. Man stellt nicht die Frage nach Kunst, man sieht bloß ein sonderbares Mischvolk, das sich national betätigt.

Die Regisseure sind weiß, und es geht nicht ohne das bei den Weißen übliche Probengeschrei ab. Aber das braune Volk ist sanft und zart und unendlich geduldig. Es wird nur wild, wenn es der Augenblick erfordert, wenn der Kapellmeister (ohne eigentliche Erregung) den Taktstock sehr rasch auf und nieder schlagen läßt. Dann singt und stampft das Volk seine wilden Tänze, dann verzerrt sich alles zur Grimasse. Aber ist das Stück vorbei, so sind es wieder stille und eigentümlich gesittete Menschen, mit denen wir plaudern. Dann rührt uns das ernste, fast verhärmte Antlitz des Kapellmeisters, dann bewundern wir die abenteuerliche Schönheit so mancher Choristin, dann vor allem huldigen wir den sanften Reizen der Gee und der Hall – der beiden ernsten Sängerinnen, die ihre religiösen Lieder mit so viel natürlichem Talent und so viel europäischer Kunst zu singen verstehen.

Die Gee – sieht sie noch aus wie ein Abkömmling von Negern? Diese liebenswürdige Melancholie, ja der starke geistige Ausdruck erinnern mehr an eine große russische Schauspielerin. Und Adelaide Hall, das reizende bleiche Mohrenköpfchen, wie ist es ernst – und doch bewußt seiner jungen Anmut. Was wir reden, ist nicht gerade gewichtig. Die beiden Damen frischen ihre Schulkenntnisse der deutschen Sprache auf und sind glücklich, zu sagen: »Ein Glas Bia!« Sie können dann einen Augenblick ganz närrisch toll lachen und sind dann gleich wieder still und gütig wie eine ganz leise Melodie. Am liebsten begänne man einen Roman – zu schreiben natürlich.

Aber ein Blick in diese Augen warnt uns vor psychologischen Experimenten. In diesem Volke sind Möglichkeiten, auf die wir uns noch nicht verstehen.

In ein- bis zweihundert Jahren werden wir wieder mal vorbeikommen. Bis dahin – auf Wiedersehen, Mrs. Green, auf Wiedersehen, Adelaide!

Mai 1924

Die Tonkneipe

Ein honoriger Lebenswandel läßt sich nur eine beschränkte Anzahl von Jahrzehnten durchführen – dann hat man davon genug und kauft sich ein Grammophon. Man hat seine Überzeugung, man hat sie jahrzehntelang verfochten; dann tut man beseligt das Gegenteil. Nichts sei widerrufen, was man je gegen die Sprechmaschine gedacht und gesagt hat. Der Kampf war sehr schön, und die Niederlage ist mit Geräusch verbunden. Aber man stellte sich trotz aller Befürchtungen die Niederlage viel weniger kompliziert vor, als sie war. Nicht von den inneren Konflikten über die Wahl des Apparates sei gesprochen. Man ahnte nicht, daß dieser Sündenfall genügte, um eine ganz neue Welt den Sinnen zu erschließen.

Ich hatte gedacht, es würde genügen, einen Apparat zu kaufen, nach dem Katalog Platten auszusuchen und zu zahlen; damit sei die Sache fertig. Aber es war anders. Vier Tage lang bin ich durch die Sprechmaschinenhäuser Berlins gelaufen, und nun weiß ich, daß zu den Giftbuden – Zigarrengeschäften und Likörstuben – mit den Jahren eine dritte Sorte gekommen ist: das Freudenhaus der Töne oder, um prosaischer zu bleiben: die Tonkneipe. Es gibt Tonkneipen von schwelgendem Luxus, Musikfreudenhäuser von bürgerlichem Zuschnitt und endlich Tonstehhallen für den kleinen Mann. Die Melomanen aller Schichten sitzen herum, auf schwellenden Sofas oder schäbigen Geschäftsstühlen, immer aber gegenüber irgendeiner verschlossenen Kommode, aus der das süße Gift rinnt. Ernsthafte Männer, die sich am frühen Morgen, ungefrühstückt, die tolle Jazzbandweise vorspielen lassen, schmachtende Damen, die sich am toten Caruso berauschen, Jungens mit dem Hakenkreuz, die vor dem schmetternden Parademarsch strammstehen, und nachdenkliche Leute, die sich Beethoven auf Flaschen füllen lassen. Aber der reinste Menschenschlag ist der schlichte Mann aus dem Volke, der von Geschäft zu Geschäft geht, um die rührendste Weihnachtsglockenplatte herauszufinden.

Man könnte über diesen Betrieb sehr viel treffende Dinge sagen, auch über die reizende polyphone Verkäuferin, die ein halbes Dutzend der verschiedenst gearteten Kunden auf einmal bedient, hier Wagner, dort Leo Fall, hier Selma Kurz und dort Hubert Marischka auflegt – wie Leberwust, Schinken und Schweizer Käse auf das glattgestrichene Butterbrot. Man könnte dieser Welt gegenüber objektiv bleiben, aber – man kann nicht. Denn das Furchtbare ist die Erkenntnis: Ich gehöre seit heute dazu.

Man kann in einem schlechten Lokal betroffen werden und dann sagen: Ich treibe hier nur Studien. In der Tonkneipe glaubt mir das kein Mensch. Jetzt bin ich auch so einer. Man wird seine Schande nicht los, wenn man sie eingesteht.

Aber ich kann nicht schildern, wie ich mich auf heute abend freue. Erstes Stück des Programms: »Weihnachtsglocken«.

Dezember 1924

Der gute Richter

Es war einmal ein guter Mann, den hatte sein Vater die Rechte studieren lassen. Da er es gewissenhaft und ernst mit dem Studium nahm, machte er als Richter eine hübsche Laufbahn, so daß er schon mit etwa fünfzig Jahren als Landgerichtsrat einem Schöffengericht präsidieren durfte. Da saß er nun Tag für Tag, hatte zwei würdige Herren aus dem Volke neben sich, der Diener öffnete die Tür, und herein wälzte sich das bunte Leben in die mit Paragraphen tapezierte Gerichtsstube. Da kamen diebische Dienstmädchen, kleine Gauner, Marktfrauen und öffentliche Fräulein, die gegen irgendeine Polizeiverordnung gesündigt hatten, Bierkutscher – und was es sonst noch gibt. Seine Urteile bildete er genau nach Vorschrift auf eine sehr scharfsinnige und tüchtige Weise, so daß eigentlich niemand daran etwas auszusetzen hatte – es sei denn sein eigenes Herz. Und während seine Lippen die Strafen ordnungsgemäß diktierten, konnte er es nicht hindern, daß sein Herz sprach.

Das alte adlige Fräulein
»Wegen versuchten Betruges zu 300 Mark Geldstrafe«, sagte sein Mund. Aber sein Herz öffnete sich dem alten, vor lauter Tugend verschrumpelten adligen Fräulein, das auf der Anklagebank saß, und sagte: »Selbstverständlich spreche ich Ihnen eine Provision von 2000 Mark zu und verurteile den Zeugen außerdem zur Zahlung eines lebenslänglichen Ehrengehalts. Bedenken Sie recht, Herr Zeuge, wie die Sache lag.

14 Ottomar Starke (ohne Titel)

Das adlige Fräulein war volle siebzehn Jahre die treue Gesellschafterin, man kann sagen, die vertraute Freundin Ihrer verstorbenen Frau Mutter. Siebzehn Jahre hat sie sich des Vertrauens würdig gezeigt, und sie ist in diesem Dienst ergraut und müde geworden. Sie müssen noch eines in Rechnung setzen: Als das Fräulein den Dienst übernahm, war sie nicht mehr jung. Beim Tode Ihrer Mutter war sie selbst eine alte Dame von nahezu sechzig Jahren, und sie konnte wirklich in großer Sorge sein, ob sie je eine andere Stellung finden würde, das heißt: in Sorge um ihre ganze Existenz. Ich kenne Ihre Verhältnisse nicht genau, Herr Zeuge; ich will nicht darüber urteilen, ob Sie in der Lage gewesen wären, nun wirklich der alten treuen Seele ein auskömmliches Dasein zu schaffen. Indessen einiges hinterließ Ihre Frau Mutter, so einen Flügel. Den hatte Ihre Mutter vor Jahren einmal für 2000 Mark gekauft. Die Geldentwertung und die Wertsteigerung aller Musikinstrumente ließ Sie annehmen, daß Sie bei einem Verkauf mindestens 15000 Mark dafür einnehmen würden, und so beauftragten Sie das alte Fräulein mit dem Verkauf, wobei Sie ihr nicht etwa eine Provision in Aussicht stellten, sondern sagten, ein etwaiger Mehrerlös sollte zwischen Ihnen und dem Fräulein geteilt werden. Wie Sie sich hier vor Gericht ausdrückten, wollten Sie so ›auf eine feine Weise‹ dem Fräulein einen Verdienst zuschanzen. Ich will mich nicht darüber auslassen, ob es nicht eine noch feinere Weise gewesen wäre, dem alten Fräulein zu sagen: ›Der Mehrerlös gehört Ihnen‹ – oder (da doch der Flügel nur 2000 Mark gekostet hatte): ›Kaufen Sie mir den Flügel mit 2000 Mark ab, und verkaufen Sie ihn zu Ihren Gunsten – dies als schwaches Zeichen der tiefen Dankbarkeit, die wir Kinder der treuen Gefährtin unserer guten Mutter schulden.‹ Alles dies ist leider nicht gesprochen worden. Als nun gar das Fräulein die Möglichkeit hatte, den Flügel für 19000 Mark zu verkaufen – wobei es noch 1000 Mark an eine andere Vermittlerin zu zahlen hatte – ließ es sich allerdings verleiten, diesen Umstand zu verschweigen, und gab nur an, einen Verkauf für 17000 Mark vermittelt zu haben. Es ergibt sich also für Sie eine gewisse Differenz, um die Sie aber auch nicht geschädigt wurden, da das Geschäft gar nicht zustande kam. Sie selbst verkauften nämlich den Flügel anderweitig. Zugegeben, das Fräulein hätte – in Sorge um ihre Existenz – die Absicht gehabt, Sie ein bißchen zu bemogeln, so war es Ihre verfluchte Pflicht und Schuldigkeit, sich ›in feiner Weise‹ bemogeln zu lassen, anstatt den Flügel anderweitig zu verkaufen, das Fräulein um seinen Gewinnanteil zu bringen und die Sache gar vor Gericht zu tragen. Deshalb, Herr Zeuge, zahlen Sie dem Fräulein ihren Anteil und überdies eine kleine jährliche Pension zum Andenken Ihrer verstorbenen Frau Mutter.«

Der gute Konditor

»Wegen Übertretung der Backverordnung vom … zu 100 Mark Geldstrafe.«

Aber das Herz des Richters sprach: »Sie sind also der Verfertiger der ausgezeichneten Schnecken und Kranzstangen, die ich bis vor einem Jahr mit so viel Vergnügen gegessen habe. Ihre Konditorei genoß in unserer Familie eine geradezu beispiellose Popularität, und meine Kinder bestürmten mich jeden Sonnabend: ›Kaufst du Schnecken, geh zu . . .‹ Aber auch wir Erwachsenen waren damals der Überzeugung, daß Ihr Geschäft das einzig reelle unserer ganzen Gegend sei. Durch die heutige Gerichtsverhandlung erfahre ich nun zu meinem lebhaften Bedauern, daß diesen Grad der Reellität zu erreichen Ihnen nur dadurch möglich war, daß Sie anstatt der erlaubten zehn Prozent fünfundachtzig Prozent Weizenmehl verwendeten. Wenn man will, war es also keine Hexenmeisterei, ein so vorzügliches Resultat zu erzielen. Aber Sie hatten den Mut, lieber eine Strafe auf sich zu nehmen, als minderwertiges Gebäck zu liefern. Nun, so wird Ihnen ja auch die Strafe nicht schwerfallen – ich aber kann nicht umhin, Ihnen nochmals mein Kompliment auszudrücken und Ihnen zu versichern, daß ich noch heute einer der treuesten Kunden Ihrer vortrefflichen Konditorei bin.«

»Wegen Betretung des Kurfürstendamms drei Tage Haft.«

Indessen sprach das Herz des Richters: »Eigentlich bin ich Ihnen nicht böse, denn durch Ihren Fall habe ich etwas Neues und Überraschendes gelernt: nämlich, daß der Kurfürstendamm nur von anständigen Menschen betreten werden darf. Da Sie aber – Verzeihung, mein Fräulein – erstens einen Beruf ausüben, der, wie man mir gesagt hat, nicht zu den anständigen gehört, zweitens bei der Betretung des Kurfürstendamms erwischt wurden, muß ich annehmen, daß diese Prachtstraße des Westens heute tatsächlich nur noch von ganz einwandfreien Persönlichkeiten frequentiert wird. Als ich neulich, etwas spät, vom Stammtisch heimkam, begegnete ich einer Reihe von jungen Damen, die dort teils vor dem Alten Café Posten bezogen hatten, zum andern Teil auf Bänken oder im Umherwandeln die laue Herbstluft genossen. Unter uns gesagt: Ich traute diesen jungen Damen nichts besonders Anständiges zu, und jedesmal, wenn eine der Betreffenden das Wort an mich richtete, blickte ich starr vor mich hin, meiner Pflicht als Familienvater und Richter eingedenk. Nun hat uns ja der Herr Sittenpolizist erzählt, daß man trotz des Verbotes längere Zeit stillschweigend die Betretung des Kurfürstendamms für Damen Ihrer Art duldete. Vor einigen Monaten aber seien so viel Beschwerden über das Treiben in dieser repräsentativsten Straße des Westens eingelaufen, daß man sich entschloß, reinen Tisch zu machen. Die entsprechende Verordnung war erneut auch Ihnen zur Kenntnis gekommen, und das straffe Durchgreifen gerade in Ihrem Falle läßt mich erkennen, daß der Kurfürstendamm nur noch von solchen Personen betreten wird, die dazu sozusagen die moralische Berechtigung haben. Hierdurch erkenne ich den Irrtum, in dem ich mich jenen mir nachts begegnenden Damen gegenüber befand. Als diese mich ansprachen, hatten sie gewiß nichts anderes vor, als mich zu fragen, wie spät es sei. Nun tut es mir entsetzlich leid, ihnen diese Auskunft verweigert zu haben, wodurch ich womöglich ihr noch späteres Nachhausekommen verschuldete. Denn nichts ist für ein junges behütetes Mädel aus guter Familie unangenehmer, als nachts auf dem Kurfürstendamm spazierenzugehen und nicht zu wissen, welche Uhr es geschlagen hat.

Ich werde also in Zukunft nicht verabsäumen, alle an mich gerichteten Fragen höflich und gewissenhaft zu beantworten, und diese Lektion verdanke ich Ihnen, mein Fräulein. Deshalb nehmen Sie die Strafe nicht zu krumm. Gibt sie Ihnen doch die Möglichkeit, wenigstens drei Tage lang ein Leben zu führen, das Ihnen nicht weniger als andern Leuten die innere Berechtigung zum Betreten des Kurfürstendamms verleiht – wenn Sie auch eben tragischerweise gerade in diesen drei Tagen verhindert sein dürften, von diesem Recht Gebrauch zu machen.«

[1924]

Berlinische Lyrik

Der Angeklagte vor der Berufungsinstanz ist ein artiger, gesitteter Mann, ein Blumenhändler, der sich des Preiswuchers schuldig gemacht haben soll. Der Richter ist ein sanfter älterer Herr. Aber für diesen Angeklagten bringt er nicht viel Sympathie auf. Man merkt es bald – es hat seine Gründe. Der Blumenhändler beteuert, er habe den Balkonkasten mit wildem Wein nicht unter 15 Mark verkaufen *können* – er werde es ihm vorrechnen. »Möglich«, brummt der Richter, »möglich, daß die kleinen Blumenhändler, die immer vor Gericht kommen, keine Schuld haben; dann treiben eben die Züchter Preiswucher; ein schrecklicher Wucher wird mit den Blumen getrieben. In diesen schwierigen Zeiten kann sich kein Mensch von mittlerem Einkommen mehr Blumen kaufen. Vielleicht (und er wirft dem Staatsanwalt einen bitteren Blick zu) sieht sich die Staatsanwaltschaft mal die großen Gärtner etwas näher an . . .«

Dann aber vertieft er sich in eine Rechnerei. Mit größerer Genauigkeit werden kaum die Geschäfte eines betrügerischen Bankrotteurs geprüft. Der Blumenhändler rechnet vor. 5 Ranken Wein zu je 1,50 = 7,50 Mark, ein grüner Holzkasten 2,60 Mark, ein Eimer Erde 50 Pfennig, anderthalb Stunden Arbeitslohn 1,35 Mark, 35 Pfennig Material – macht 12,30 Mark. Für 15 Mark hat er ihn verkauft – das macht noch lange nicht 50 Prozent, die er als Händler nehmen dürfe.

Ja, aber – meint der Richter – anderthalb Stunden Arbeitslohn, ist das nicht etwas viel?

Man sieht, der Sache wird auf den Grund gegangen, und der Oberinspektor des Botanischen Gartens muß sich als Sachverständiger äußern. Gewiß, anderthalb Stunden sei vielleicht ein bißchen viel; sonst aber stimmt die Rechnung auf den Pfennig – ja, der Angeklagte habe noch zweierlei vergessen: Erstens brauche man für einen Balkonkasten nicht einen, sondern zwei Eimer Blumenerde, und dann müßte man ja die Kästen gewöhnlich auch noch den Kunden ins Haus schicken. Der Angeklagte habe gewiß keinen zu hohen Preis verlangt. Man mache sich doch von dem Verdienst der Blumenhändler übertriebene Vorstellungen ...

Der Verteidiger verteidigt. Von allen andern abgesehen: Blumen seien nicht Gegenstände des täglichen Bedarfs. Alle gewiß nicht. Keinenfalls die Orchidee. Aber auch sicher nicht der wilde Wein auf dem Balkon. Das Volk würde es bitter empfinden, wenn der Wein des wohlhabenden Balkonbesitzers als ein Gegenstand des täglichen Bedarfs bezeichnet würde. So sagte er.

Der Staatsanwalt selbst plädierte für Freisprechung. Der Richter erkannte auf Freisprechung. Das Urteil der ersten Instanz habe sich wirklich nicht aufrechterhalten lassen. Der Angeklagte sei nicht über das erlaubte Maß hinausgegangen. Aber – und nun blitzt es hinüber zum Verteidiger – das Gericht stütze sein freisprechendes Urteil keinesfalls auf die Ausführungen des Verteidigers über die Frage, ob die Blume ein Gegenstand des täglichen Bedarfs sei oder nicht. Und mit erhobener Stimme: *»Die Blume sei ein Gegenstand des täglichen Bedarfs.«*

September 1924

Die am öffentlichen Leben leiden

Haben Sie bemerkt, daß ich im Begriffe bin auszusterben? Das kommt daher, daß ich nicht mehr weiß, von wem ich leben soll. Gewiß: Die Dummen werden nicht alle – aber ihr Geld ist es längst.

Dazu kommt die Demokratie. Die Franzosen lassen es sich gesagt sein: Die demokratische Gesinnung der Deutschen ist viel ausgebreiteter, als man denkt. Der Nimbus der Bügelfalte und des Monokels ist fast völlig erloschen. Früher konnte man mit einer aparten Weste Tausende verdienen. Heute, wenn man sich anständig anzieht, wird man angepumpt, bevor man noch selbst – zum gleichen Zweck – den Mund aufgemacht hat. Gab man sich früher als Baron aus, wurde man bewundert – das Geld wurde einem geradezu aufgedrängt. Heute tut man den Leuten leid – und wer leid tut, kriegt nichts. Überhaupt – der Charme der Persönlichkeit gilt nichts mehr.

Die kleinen Leute mit etwas Geld, denen man einst imponierte, haben sich sehr verändert. Die meisten von ihnen haben kein Geld mehr – andere aber, die hochgekommen sind, zeigen gar kein Verständnis für eine Persönlichkeit, deren einzige Gabe es ist, ihre Umwelt zu entzücken. Ich erinnere mich, in St. Moritz der dicken Frau eines reich gewordenen kleinen Fabrikanten eine Schmeichelei gesagt zu haben. Sie bastelte sich sofort mitten in der Halle des Hotels ihre Perlenkette ab, gab sie ihrem Manne und sagte, er möge sie doch lieber in den Tresor des Hotels geben. Dann hätte sie vielleicht noch einige weitere Komplimente von mir gehört. Aber mir war die Lust vergangen.

Es wird auch nicht mehr richtig geliebt. In meinen guten Jahren brauchte ich zwei, drei Tage, um bei einer älteren Jungfrau die Hingabe namentlich der Ersparnisse zu erzielen. Heute dauern derartige Affären so lange, bis einem das Betriebskapital ausgeht. Es lohnt gar nicht anzufangen. Die Jungfrauen von heute haben gar keine Illusionen in betreff ihrer selbst. Sie trauen sich nichts mehr zu – daran liegt's. Früher kam zuerst die Liebe und dann die Treue – wenigstens hofften die Damen darauf. Heute verlangen sie erst Treue – dabei kann man verhungern.

Das schlimmste ist aber die Konkurrenz der anständigen Leute. Es wird heute in besseren Kreisen derartig geschwindelt, daß man diese Bevölkerungsschichten geradezu als aufgeklärt bezeichnen muß. Man braucht ja nur einen Blick in die Untersuchungsausschüsse zu werfen. Ich will mir kein vorschnelles Urteil über einzelne Persönlichkeiten erlauben. Aber wenn solche Summen in solche Taschen verschwinden – was bleibt für mich übrig?

Ich möchte wissen, was mein großer Ahnherr Casanova in dieser Zeit angefangen hätte. Gewiß, der Mann hatte Talent – vielleicht hätte er einen Casanova-Konzern begründet und stünde heute vor einem Untersuchungsausschuß; möglich. Aber ich glaube es nicht. Viel wahrscheinlicher ist, daß er – nach Verbüßung irgendeiner Strafe – längst jenem Zwickauer Arzt zum Opfer gefallen wäre – und man hätte ihm damit die Gelegenheit genommen, seine Memoiren erst zu erleben, dann zu schreiben.

Nein, es ist keine Lust mehr zu leben.

Februar 1925

Das Verbrechen, wenn man dabei sitzt

Zwei Männer sitzen im Kaffee und reden ihr Zeugs, dieweil die Dame (lebensunmittelbar) ihre Augen schweifen läßt. Ab und zu meldet sie, was passiert. Die Männer reden ihr Zeugs. Jetzt sagt die Dame: »Eben sind zwei Verbrecher hereingekommen, unglaubliche Kerle, dahinten, sie setzen sich, sie stehen wieder auf, sie machen sich an den Mänteln zu schaffen – jetzt setzen sie sich woanders hin.«

Die beiden Herren wenden kaum die Köpfe. Sie reden ihr Zeugs. Eine gute Viertelstunde. –

Plötzlich Krach. Dicht am Ausgang. Donnerwetter. Schrei. Tumult. Man sieht noch gerade, wie ein lachender Herr den einen der Verbrecher von hinten an den Schultern packt – schon sitzt der Kerl an der Erde, wehrlos am Schlaffittchen gehalten. Der andere Dieb ist vom dicken Geschäftsführer gegen die Glaswand gedrängt – er will durchaus nichts mit der Geschichte zu tun haben. Aber schon zieht man ihm die beiden Mäntel aus. Den einen hat er eben gestohlen, den andern vermutlich auch irgendwo. Man schreit nach Schupo. –

Diese beiden Verbrecher sehen nicht sehr vergnügt aus. Überhaupt scheint man beim Mäntelstehlen nicht sehr gut zu werden. Eigentlich eine ungeheure Dummheit, in diesem halbzerfetzten Zustand ein elegantes Kaffee zu betreten, wo nur anständige Leute sitzen, denen man sonst nichts ansieht. Immerhin trägt der eine Kerl einen furchtbar schäbigen schwarzen Gehrock. Die lebensunmittelbare Dame meint: »Er sieht aus, als habe er unter dem Gehrock kein Hemd.«

Diesem Zustand zum Trotz kämpfen die beiden Diebe um ihre Freiheit, versuchen sich der Umklammerung zu entziehen, die angstvoll aufgesperrten Augen spähen nach irgendeiner Möglichkeit, zu entweichen.

Und der eine zeugsredende Herr sagt zu dem andern: »Es muß doch etwas sehr Anziehendes in der Freiheit sein, wenn zwei Menschen sich so danach sehnen. Freiheit scheint dennoch das höchste Gut der Menschen zu sein.«

»Und zu denken, daß der und ich frei sind«, sagte der andere.

»Und immerzu frei – und nichts als frei«, sagt der eine. –

Die Schupos sind immer noch nicht da. Aber genug handfeste Männer, um die beiden Diebe in Schach zu halten. Da bekommt der Geschäftsführer erstens einen roten Kopf und zweitens Mut. Er beginnt, auf die Diebe furchtbar zu schimpfen, und mit der geballten Faust schlägt er mal dem einen Dieb, mal dem andern ins Gesicht.

Jetzt sehnen sich die Diebe nicht mehr nach Freiheit, sondern richtig und ehrlich nach Schupos. Die Hiebe sausen immer kräftiger. Es fehlt nicht viel, daß die Diebe selbst nach dem rettenden Schutzmann rufen. Endlich sind zwei Grüne zur Stelle. Schwer ist der tobende Geschäftsführer zu beruhigen. Noch jetzt teilt er in aller Eile eine seiner gewichtigen Ohrfeigen aus, als habe er vergessen, was Wichtiges zu sagen – als fiele ihm noch gerade was ein. Dann sind endlich die Diebe fortgeschafft. –

Die zeugsredenden Herren bemühen sich um den Kern der Dinge. Der eine sagte: »Es ist eine Gemeinheit, einen wehrlosen verhafteten Mann zu schlagen.«

Und der andere: »Vielleicht. Aber die Diebe litten zuerst schwer unter dem Verlust der Freiheit. Als sie Prügel kriegten, sehnten sie sich nach dem geruhsamen Gefängnis! Ist wirklich Freiheit das höchste Gut und damit der Verlust der Freiheit die schlimmste Strafe, so haben die Prügel bewirkt, daß ihr Schmerz um die Freiheit betäubt wurde. Wir verstehen ja alles, zur Not auch Manteldiebe. Du und ich, wir wollen ja nicht Strafen, wir sehen bloß die Notwendigkeit ein, die

Gesellschaft vor Dieben zu schützen. Wir erkennen also die Gefangenschaft ebensowenig als Strafe an wie die Prügel. Ist nun durch die gelinde Prügelei der Schmerz um das kostbarste aller Güter, die Freiheit, gelindert worden, so ist in Wahrheit den armen Schächern mit den paar Ohrfeigen eine Wohltat erwiesen worden, und zu bedauern ist höchstens . . .«

»Wer?«

»Wie immer – der Henker, der geprügelt hat.«

So redeten sie ihr Zeugs. Die lebensunmittelbare Dame aber hörte nichts davon, und ihre Augen spähten nach neuem Geschehen.

Oktober 1923

Meyer

Meyer leidet unter Begleitumständen und erwartet vom Leben Wunder. Meyer, zwanzigjähriger Konfektionsjüngling und Sorgenkind einer achtbaren Familie, ist weder dumm noch unsympathisch. Um den vollen Mund ist etwas frühe Verlebnis eingezeichnet. Aber seine hübschen braunen Augen sehen von der Anklagebank fast lächelnd in die Weite, als erwarte er dennoch ein Wunder.

Meyer hat ein gewisses Recht, an Wunder zu glauben. Es haben sich in seinem Leben schon einige ereignet. Oder ist es kein Wunder, wenn ihm der Restaurateur Müller eines Morgens um 5 Uhr fünfhundert Mark gibt – allerdings mit dem Auftrage, damit eine Wechselschuld zu bezahlen. Meyer geht natürlich nicht zur Reichsbank, sondern vertrinkt das Geld in wenigen Tagen. Er entschuldigt sich: »Es waren ungünstige Begleitumstände.« Oder ist es kein Wunder, wenn ihm eine gültige Tuchfirma Stoffproben und hundert Mark anvertraut, auf daß er am nächsten Tage für sie nach dem Rheinland fahre und Kunden werbe? Meyer ist so beglückt über dieses Wunder, daß er die hundert Mark – ja, mehr noch, in gleicher Nacht verzecht und schließlich auch noch die Musterkollektion versetzt. Ungünstige Begleitumstände ...

Seine Hoffnung auf das Wunder, so berechtigt an sich, steigert sich ins Phantastische. Einem Barmixer bleibt er die Zeche schuldig, der Mixer sagt: »Gut, Herr Meyer, wir fahren mit einem Auto in Ihre Wohnung und holen das Geld. Wo wohnen Sie?« – »Nollendorfplatz 6«, sagt Meyer, als sie in das

Auto steigen, immer in der Hoffnung, daß er vielleicht wirklich am Nollendorfplatz wohne. Man kann nicht wissen, vielleicht geschieht ein Wunder.

Aber das Auto kommt an, und Meyer muß gestehen: »Hier wohne ich ja gar nicht.«

Und es beginnt ein nächtliches Abenteuer mit dem Mixer, der schließlich auch kein Geld mehr hat. »Fahren wir in den Bouillonkeller«, sagt Meyer. »Da sitzen meine Freunde, die geben mir bestimmt Geld.« Steigt in ein Auto – vielleicht geschieht das Wunder, daß er Freunde hat – wenn auch nur im Bouillonkeller.

Er hat keine Freunde, aber das Auto läßt er draußen warten, drinnen trinkt er Schnäpse, spendiert den Mädchen. Dann zieht man ihn aus. Ohne Rock, Weste und Hut wird er auf die Polizei gebracht – kein Wunder ist passiert.

Der Verteidiger, der vor ihm sitzt, ist sein Onkel. Vielleicht – o Wunder – bewiese der seine Unschuld. Aber der schwergeprüfte Onkel denkt nicht daran. Er erklärt nur, daß sein Neffe tatsächlich unter dem Einfluß geringer Alkoholmengen alle ethischen Hemmungen einbüße. Im übrigen wünsche er gar nicht, daß die Strafe geringer sei als die bereits verbüßten zwei Monate. Er sei sich wohl bewußt, daß eine längere Gefängnishaft ihre Gefahren habe. Aber der Angeklagte müsse die Gerechtigkeit und das Gesetz auch spüren.

Und das Gericht folgt dem Verteidiger. Milde erkennt es auf drei Monate, rechnet aber nur einen Monat der Untersuchungshaft an.

Meyers Augen sehen ein bißchen traurig aus. Es ist kein Wunder geschehen, und darüber wundert er sich.

Oktober 1925

Die Gerichtsstube im Polizeipräsidium

Ein dreifenstriges großes Zimmer in der Dircksenstraße mit Aussicht auf den Bahnkörper. Immerzu rollen die Züge vorbei, und die Lokomotiven werfen ihre weißen Rauchschwaden gegen die Fenster. Auf hohem Podium vor dem Mittelfenster der Richtertisch, so daß der Amtsrichter dem Licht den Rücken zudreht. Rechts und links Staatsanwalt und Schreiber. Zwei umfangreiche Holzschranken zur Aufbewahrung von Menschen: ein kleinerer für die Angeklagten, die rasch hintereinander kommen und von denen immer einer oder zwei zur Ablösung bereit sind; der größere für das Publikum, das auch hierherkommt, um Gericht zu lernen und sich den Unbilden der Witterung zu entziehen.

Das Vorführungsverfahren bringt die frischesten Fälle bei der Tat ertappter Sünder zur raschesten Erledigung. Was früher erst nach Wochen in Moabit verhandelt wurde, wird hier nach zwei oder drei Tagen zumeist ohne Anhörung von Zeugen abgeurteilt. In der Form zeigen sich einige Verschiedenheiten vom ordentlichen Verfahren. Im Polizeipräsidium verliest nicht der Richter einen Eröffnungsbeschluß, denn ein solcher liegt nicht vor. Der Staatsanwalt sagt: »Ich klage an . . .« und verliest selbst die Anklageschrift. Handelt es sich um Verbrechen (wozu auch Rückfalldiebstahl gehört), so macht der Richter den Angeklagten darauf aufmerksam, daß er die Verhandlung vor dem langsameren ordentlichen Verfahren in Moabit beantragen könne.

Fast ausnahmslos erklären sich die Angeklagten mit dem

rascheren Verfahren einverstanden, verzichten auch nach der Verurteilung zumeist auf Rechtsmittel. Die Angeklagten sind ja geständig, da man sie bei Ausübung der Tat verhaftet hat. Daher ist auch der Ton zwischen Gericht und Angeklagten um einige Grade freundlicher als in Moabit. Selbst der Staatsanwalt ist sanfter gestimmt und gibt sich Mühe, durch Annahme mildernder Umstände auch Rückfalldiebe vor dem Zuchthaus zu bewahren; aber auch der Angeklagte ist sehr verschieden von dem in Moabit. Die Leute sitzen erst seit zwei, drei Tagen, sie sind noch frisch, sie stehen selbst noch unter dem Eindruck ihrer Tat, sie haben sich kein raffiniertes Verteidigungsprogramm ausgedacht, sie sind noch nicht verstockt und verbittert. Fast alle geben an, aus Not gehandelt zu haben. Die Mehrzahl ist arbeitslos, einige haben, um sich vor Kälte zu hüten, Warenhäuser aufgesucht und bei dieser Gelegenheit Kleinigkeiten gestohlen.

Ein paar zeichnen sich durch gute Laune aus. Da ist einer mit einem ganz merkwürdig hochmütigen, glattrasierten Köpfchen, das aus dem breiten bunten Wollschal herauswächst. Er hat nachts auf der Friedrichstraße Zigaretten verkauft und steht deshalb schon zum drittenmal vor diesem Gericht.

Der Richter: »Sie haben keine Wohnung, wo schlafen Sie denn?«

Der Angeklagte (mit einem unbeschreiblich liebenswürdigen Lächeln): »Das kann ich dem Herrn Richter nur unter vier Augen sagen.«

Der Richter wiederholt seine Frage, hier im Gerichtssaal könne man wirklich alles laut sagen. Aber der liebenswürdige Angeklagte schüttelt den Kopf. So was könne man wirklich nicht sagen ... Der Richter verzichtet.

Der Richter: »Sie haben nun wieder mit Zigaretten gehandelt?«

Der Angeklagte: »Nein, ich habe nicht gehandelt, ich habe nur da an der Ecke gestanden, weil ich früher dort gehandelt habe und meiner Kundschaft viel Zigaretten auf Kredit gegeben habe. Nun habe ich da gestanden, um die Schulden einzukassieren. Da kam der Beamte, der mich kennt, und will bei mir Zigaretten kaufen, und da falle ich darauf rein. Wie darf denn der Beamte nachts um zehn Uhr Zigaretten kaufen?«

Der Beamte bekundet freilich, daß der Angeklagte immerzu »Zigaretten, Zigaretten« vor sich hin gemurmelt habe.

Urteil: dreißig Mark Geldstrafe oder sechs Tage Haft, die der Angeklagte sofort antritt. –

Eine nicht mehr junge Frau, wegen Einbruchdiebstahls mit Zuchthaus vorbestraft, angeklagt wegen intellektueller Urkundenfälschung und Führung falschen Namens, wohnungslos. Stand einem Bettler Schmiere, wurde aufgegriffen und gab dem Beamten, wie bei der Einlieferung ins Polizeigefängnis, einen falschen Namen an. Sie dachte, es sei bloß eine Notlüge. Der Richter fragt, ob sie nicht besondere Gründe gehabt habe, ihren wahren Namen zu verschweigen. Sie bestreitet es. –

Urteil: zwei Wochen Gefängnis wegen intellektueller Urkundenfälschung, acht Tage Haft wegen Führung falschen Namens. –

Die wohnungslose Näherin ging ins Warenhaus, probierte Hüte an, ließ ihren alten Hut liegen, versuchte mit dem neuen auf und davon zu gehen. »Die billigste Art, sich einzukleiden«, bemerkt der Richter.

Ich wollte ja den neuen Hut verkaufen, weil ich kein Geld zum Essen habe.«

»Das glaube ich nicht, Sie hatten Ihren alten Hut dagelassen. Wenn Sie den neuen verkaufen, sind Sie ja ohne Hut.«

»Ohne Hut kann man leben, ohne Essen nicht.«

Urteil: zwei Tage Gefängnis. Der Richter hätte ihr gern eine Geldstrafe gegeben, aber sie ist wohnungslos. –

Ein frischer, hübscher Bursch, man hält ihn fast für trotzig und wild; aber er hat ein besonderes, huschendes, aufflammendes Lächeln, mit dem er alles zugibt: Er ist am Vormittag in der Chausseestraße in ein Kino eingedrungen und hat durch Einbruch eine Violine, eine Aktentasche und Schokolade erbeutet. Die Schokolade hat er gegessen, die Violine für fünf Mark verkauft. Davon hat er zwei Tage gelebt und sich dann selbst der Polizei gestellt.

Der Richter: »Schwerer Einbruch – das ist ein *Verbrechen,* Sie können Ihre Verurteilung vor dem ordentlichen Gericht beantragen.«

»Nee, nee, det is hier richtig.«

Der Staatsanwalt: »Der Angeklagte ist noch unbestraft, aber er zeigt keine Reue. Er hat sich freiwillig gestellt, wohl weil er keine Arbeit hat und für den Winter eine Unterkunft braucht . . .«

November 1925

Der Bauchladen

Stramm aufgerichtet steht der blonde Schupoleutnant vor dem andächtig lauschenden Richter und erteilt dem und dem Amtsanwalt eine Instruktionsstunde über den Straßenhandel mit Zeitungen. Der sanfte Richter ist ein gelehrter Herr, soweit es sich um Gesetze handelt, aber als Berufungsinstanz für Strafmandate kommt er ohne die Hilfe des Polizeileutnants nicht aus. Juristerei kann man studieren, Polizeivorschriften lernt man nie.

Auf der Anklagebank aber sitzt der Zeitungshändler Männicke, der seit einundzwanzig Jahren auf dem Wittenbergplatz steht – d. h. seit einundzwanzig Jahren gegen die Polizei kämpft. Der Polizeileutnant setzt genau bis auf den Zentimeter auseinander, wie groß der fliegende Stand eines Zeitungshändlers sein darf, auf daß er kein Verkehrshindernis bilde. Der Händler, der nicht auf den Mund gefallen ist, ruft dazwischen: »Jeder Boom is 'n jrößeres Verkehrshindernis als icke.«

Zweifellos hat der Händler die Zahl der vorgeschriebenen Zentimeter überschritten.

»Nun«, forscht der Richter weiter, »der Angeklagte soll aber auch gegen die Gewerbeordnung verstoßen haben, indem er nach sieben Uhr abends Zeitungen verkaufte.«

»An und für sich darf er ja auch nach sieben Uhr verkaufen.«

Der Richter hebt das Haupt: »Nach der Gewerbeordnung darf doch nach sieben Uhr nicht mehr verkauft werden.«

»Verzeihung, Herr Rat, Zeitungen doch.« Nun ist dem Richter auch so, als habe er schon nach sieben Uhr auf der Straße Zeitungen verkaufen sehen. Auch der Amtsanwalt erinnert sich – er hatte nur immer gedacht, das sei alles verboten, was er allabendlich sah. Merkwürdig, es ist nicht alles verboten, was man so sieht.

»Nur«, fährt der Polizeileutnant fort, »darf der Zeitungshändler sich nicht des großen Standes bedienen wie am Tage. Er darf nur so viel Zeitungen bei sich haben, wie er wirklich tragen kann. Zum Beispiel: Der *Bauchladen* ist erlaubt.«

»Der Bauchladen?«

Der Leutnant nickt: »Der sogenannte Bauchladen. Das ist die flache breite Lade, die Straßenhändler vor dem Bauch tragen.«

Und träumerisch fragt der Richter den Angeklagten: »Haben Sie einen Bauchladen?«

»Aber, Herr Rat, wo komm ich denn mit'n Bauchladen hin? Ich bin ein gelähmter Mann, und wenn abends die Zeitungen kommen – wie soll ich dann das alles an mir, auf mir unterbringen?«

Und der Polizeileutnant: »Vielfach steckt der Angeklagte die Zeitungen in das Eisengitter des Kaufhauses.«

»Das tut doch keinem Menschen weh. Was soll ich denn zum Beispiel im Regen machen? Nasse Zeitungen kauft kein Mensch. Da stecke ich sie ins Gitter . . .«

»Hm – und einen Bauchladen wollen Sie nicht?«

»Hat doch keinen Zweck, Herr Rat, da jeht doch nischt rin.«

»Hm.«

Es sprach der Amtsanwalt. Dann der Angeklagte. Eine Flut von Worten prasselt nieder. Fünf Minuten, zehn Minuten, eine Viertelstunde. Man bewundert die Langmut des Richters. Der aber ist so was gewöhnt, und während der Händler redet, diktiert leise der Richter dem Schreiber das Urteil. Endlich setzt sich der Angeklagte. Ein bißchen mußte er verurteilt werden; aber dem Richter war es doch lieb, daß er ihn wenigstens wegen des Verstoßes gegen die Gewerbeordnung freisprechen durfte. Es ist doch hübsch, daß man etwas nach sieben Uhr noch tun darf, zum Beispiel Zeitungen verkaufen, natürlich mit Bauchladen.

Juni 1926

Der Schüler als Lehrer

Auf der Anklagebank sitzt der Vorsitzende des Elternbeirats einer Lichtenberger Gemeindeschule. Ein »kleiner Mann«, offenbar mit einer gewissen Anstrengung für den Tag des Gerichts angezogen. Auf einen Verteidiger hat er verzichtet, ihm genügt das eigene wohlgeübte Mundwerk. Ein paar juristische Stichworte und die dazugehörigen Paragraphen hat er sich aufgeschrieben.

Er hat in einer Versammlung des Schulbeirats einen Lehrer einen »Prügelpädagogen« genannt und dazu noch behauptet, dessen Wissen stünde unter dem einer Arbeiterfrau. Letztere Äußerung bestreitet er energisch. Er will nur gesagt haben: »Ich will nicht wiederholen, was jemand anders über einen andern gesagt hat. Aber man könnte glauben, daß das zutrifft.«

So gewandt ist er. Denn trotz dieser rätselhaften Form wurde er verstanden. Auch das Wort »Prügelpädagoge« sei nicht so gemeint, als habe der Lehrer sein Züchtigungsrecht wesentlich überschritten. Der Lehrer sei eben mit dem Stock rasch bei der Hand gewesen, und seine ganze Art und seine Gesinnung, die gütliches Einvernehmen ablehne, kennzeichne den Lehrer als Prügelpädagogen.

Ein kleiner Wahrheitsbeweis wird versucht, und der Richter, der für die Jugend ein besonders warmes Herz zu haben scheint, läßt durchblicken, daß der Lehrer in der Tat reichlicher als nötig von dem Stock Gebrauch macht. Am Ende erfolgt doch die Verurteilung des Angeklagten wegen formaler Beleidigung zu hundert Mark Geldstrafe.

15 de Luca (ohne Titel)

Soweit ist das alles nicht sehr wichtig. Aber man hatte zwei Schulkinder als Zeugen vernommen – ein zehnjähriges Mädchen und einen zwölfjährigen Knaben. Was sie in bescheidenem Ton vorbrachten, war nicht sehr erschütternd. Schulkleinigkeiten, die wir alle erlebt haben – ein, zwei Stockstreiche, die vielleicht besser unterblieben wären. Die Kinder hatten alle brav und sichtlich der Wahrheit entsprechend ohne Übertreibung berichtet. Dann begann der Staatsanwalt mit seinem Plädoyer, und man hörte staunend die Worte: »Der Junge wird schon seine Prügel verdient haben – das zeigte schon sein ganzes Verhalten vor Gericht.«

Und man durfte sich fragen: Was hatte denn der Junge vor Gericht angestellt, um diesen Satz zu rechtfertigen? Und man erinnerte sich: Einmal hatte der Vorsitzende dem Knaben gesagt: »Nimm die Hände vom Rücken und lege sie an die Hosennaht, wie du es gelernt hast.« Was der Knabe, etwas zitternd, sofort tat.

Ein anderes Mal hatte der Vorsitzende die Sprache auf eine Schulprügelei gebracht. Der kleine Zeuge sagte aus, ein Junge habe ihn wiederholt mit Füßen getreten, da habe er sich zur Wehr gesetzt, und als der Lehrer dazukam, habe es Stockschläge gegeben.

»Nun«, sagt der Vorsitzende freundlich, »was würdest du wohl als Lehrer tun, wenn du zwei Jungens beim Prügeln erwischst?«

Der Junge besann sich keinen Augenblick, sondern sagte einfach und natürlich: *»Ich würde fragen, warum sie sich hauen.«*

Was der kleine Junge aus Lichtenberg da in aller Stille gesagt hat, ist vielleicht würdig, in (vergoldeten) Lettern in allen Lehrerkonferenzzimmern des Deutschen Reiches angeschlagen zu werden. Freilich sind es von jeher die Erfinder goldener Worte gewesen, von denen man gesagt hat, ihr ganzes Verhalten rechtfertigt die Prügel.

April 1925

Die Liebe auf Kündigung

Wenn die Frau, die ohne Hut im abgetragenen Kleid hinter ihrem Verteidiger sitzt, den Mund öffnet, hört man wildes, derbes, unartikuliertes Berlinisch. Ihr Weinen ist laut und kreischend; man will nicht von ihr gerührt werden. Aber wenn sie schweigt – so steht sie in Flammen. Das ist nicht mehr das Gesicht der Arbeiterin aus Berlin N. Das braune, schlicht im Nacken geknotete Haar hat einen roten Schimmer. Unter der sehr weißen, klug gewölbten Stirn zwei gerade, starke, schwarze Brauen, die ein kleines, aber blau leuchtendes Augenpaar schützen. Eine gerade, kühne Nase, der Mund, etwas eingesunken – aber noch leuchtend in seiner Frische, in dem zarten, weißen, verweinten Gesicht.

Als Diebin ist sie vorbestraft. Nicht nur als Diebin ist sie wieder angeklagt. Ihr eigener Liebster hat sie bezichtigt – auch der Urkundenfälschung. Also dieser Liebste: ein handfester Arbeiter, aber kein Revolutionär, ein gesetzter Mann von höchst bürgerlicher Einstellung, die ihn nicht hinderte, Frau und Kinder zu verlassen, um mit der Angeklagten dreieinhalb Jahre zusammen zu leben und ein Kind zu zeugen . . ., was ihn wiederum nicht hinderte, mit einer Dritten anzubandeln.

Hierüber war es zu Zerwürfnissen gekommen. Dreieinhalb Jahre des Zusammenlebens aus einem Portemonnaie – beide ihrer Arbeit nachgehend, das Kind im Hause bei einer alten Frau untergebracht – nun war alles zu Ende.

Der Mann erklärt seinen höchst männlichen Standpunkt:

»Es ging mit ihr nicht mehr. Ich sagte, sie soll ziehen. Sie zieht nicht. Ich sage, morgen machst du, daß du rauskommst. Sie sagt Montag. Montag zieht sie wieder nicht. Dienstag sagt sie, sie hätte vierzehntägige Kündigung.«

»War sie denn Ihr Dienstmädchen?« fragt der Richter.

»I wo.«

»Im Konkubinat gibt's doch keine Kündigung.«

Endlich ging sie, packte in ihren Korb, was nur hineinging, nicht nur ihre eigenen Sachen – auch die des Mannes. Zuvor hatte sie ihm des öfteren ein oder zwei Mark aus der Tasche genommen. Ihre Hauptschuld bestand darin, daß sie einen Einschreibbrief für ihn in Empfang genommen, die Quittung mit seinem Namen unterschrieben hat. Den Inhalt des Briefes, zehn Dollar, aber hat sie für sich behalten.

»Nicht für mich – für das *Kind!«* schreit sie. Und sie plädiert weiter: »Wer hat das Kostgeld für das Kind wöchentlich gezahlt? – Ich. Wer hat die Hebamme, das Bettchen, die Wäsche, den Kinderwagen gezahlt? *Ich!* Fünfhundertfünfundzwanzig Mark für Alimente ist er noch schuldig!«

Er lächelt bloß, hat er es noch nötig, sich zu verteidigen? Ist man nicht ein Mann – muß ein Mann nicht vor solchen Personen geschützt werden? Ist man nicht unter Männern? Nein, nicht ganz. Auf dem einen Schöffenstuhl sitzt eine Dame, eine sehr alte Dame mit einem Gesicht voller Erfahrungen, voller Mitleid.

Und der Verteidiger: »Hat dieser Mann nicht dreieinhalb Jahr mit dieser Frau gelebt – hat er sie nicht überall als seine Frau ausgegeben? Haben sie nicht aus derselben Kasse gelebt? Da soll strafbar sein, was unter Ehegatten nicht strafbar ist – nur, weil es diesem Manne gefällt, seine Liebste zu denunzieren?«

Der Referendar, der den Staatsanwalt vertritt, sagt mit heiterer Manneswürde: »Ja.« Er sieht nicht so aus, als ob ihm dieses Ja das Herz abdrückt, und er beantragt frisch und fröhlich fünf Monate Gefängnis.

Das Gericht sagt auch ja – beläßt es bei drei Wochen Gefängnis und stellt Strafaufschub in Aussicht.

Die Frau versteht das Urteil nicht, bricht weinend zusammen. Ich verstehe es auch nicht, aber ein kluger Anwalt sagt mir: »Der Richter *mußte* verurteilen – schon aus praktischen Gründen. Gegen einen Freispruch hätte der Staatsanwalt Berufung eingelegt, und der Richter konnte besorgt sein, ob die zweite Instanz ebenso milde sein würde. Besser so.«

Juni 1925

Hausfriedensbruch auf der Polizeiwache

Das liebe Leben, unerschöpflich im Hervorbringen neuer Varianten, gebar den Fall des Mannes, der anderthalb Minuten lang die Polizeiwache nicht verlassen wollte und so wegen Hausfriedensbruches auf die Anklagebank gesetzt wurde.

Dieser Mann stand am höchsten jüdischen Feiertage während einer Pause des Gottesdienstes mit anderen Glaubensgenossen plaudernd vor dem Betsaal der Grenadierstraße, als plötzlich ein Schupomann erschien, um den Bürgersteig von herumstehenden Personen zu säubern. Hierbei soll der Beamte besonders barsch gegen zwei Frauen vorgegangen sein. Als ihn der Vorsänger der Gemeinde auf den Feiertag aufmerksam machte, sagte er (in der milderen Version): »Ich pfeife auf die jüdischen Feiertage« und führte den Vorsänger zur Wache. Über diese Festnahme geriet der jetzt angeklagte Repräsentant der Gemeinde in große Erregung, folgte dem Schutzmann und dessen Häftling zur Wache – wie er angibt, um sich über den Schupomann zu beschweren. Der dort anwesende Hauptwachtmeister behauptete, der Angeklagte habe sich nicht beschwert, sondern in aufgeregtem Ton und mit Fausthieben auf den Tisch die sofortige Entlassung des Vorsängers gefordert. Der Hauptwachtmeister will darauf den Angeklagten mehrfach zum Verlassen der Wache vergeblich aufgefordert haben, worauf er ihn durch zwei andere Beamte hinauswerfen ließ. Auf dem Hofe des Gebäudes soll dann der Angeklagte solchen Lärm geschlagen haben, daß man nun auch ihn festnahm. Nach der Bekundung eines Zeugen soll der Angeklagte den Namen des Beamten gefordert haben, der ihn die Treppe hinunterstieß. Der Angeklagte selber behauptete, in der Wache überhaupt nicht zu Worte gekommen, sondern gleich hinausgeworfen worden zu sein. Der Hauptwachtmeister bemißt die Zeit, die der Angeklagte (*vor* seiner Inhaftierung) mit der Begehung des Hausfriedensbruchs zugebracht hat, auf fünf bis sechs Minuten, der sistierende Oberwachtmeister bemißt sie auf vier bis fünf, ein jüdischer Zeuge auf zwei bis drei Minuten.

Die strafrechtlichen Folgen der Angelegenheit waren bisher die: Der Vorsänger erhielt ein Strafmandat wegen Beleidigung des Schupobeamten, das er bezahlt hat. Der Angeklagte wurde in erster Instanz wegen Hausfriedensbruches zu hundert Mark Geldstrafe verurteilt.

Die gestrige Berufungsinstanz verlief außerordentlich temperamentvoll. Der Verteidiger legte Wert auf die Feststellung des Verlaufs der Straßenszene und der Gründe, die zur Festnahme des Vorsängers führten, was aber der Vorsitzende nicht zulassen wollte, weil ja nur der Hausfriedensbruch zur Verhandlung stände. Der Verteidiger hält aber die Feststellung für wesentlich, um den Grad der berechtigten Erregung des Angeklagten dem Gericht klarzumachen, und der Staatsanwalt stimmt dem Verteidiger zu. Der Vorsitzende wendet sich zu den beiden Schöffen: »Interessiert Sie das?« Beide Herren schütteln verneinend den Kopf. Der Verteidiger verlangt Protokollierung seiner Frage und Gerichtsbeschluß. Die Frage wird protokolliert, aber das Gericht beschließt, die Frage nicht zuzulassen, unterstellt jedoch dabei die Schilderung der Straßenszene als wahr. (Offenbar ohne Rücksicht darauf, daß der Schupomann eben unter seinem Eide bestritten hatte, gesagt zu haben: »Ich pfeife . . .«)

Derselbe Schupomann erklärt sein Verhalten auf der Straße damit, daß er damals – in der Inflation – wo die Grenadierstraße mit handeltreibenden Personen immer erfüllt war, besonders streng zur Säuberung angehalten war. Die Frage des Verteidigers, ob er nicht an den geschlossenen Läden, an der feiertäglichen Kleidung der Menschen gemerkt hatte, daß an dem Tage etwas Besonderes los war und keinesfalls gehandelt wurde, verneint er. Auf eine Frage des Staatsanwalts bekundet er, dienstlich nicht auf den Feiertag hingewiesen worden zu sein, gibt aber zu, bei früheren Anlässen, wo man Demonstrationen fürchtete, zur Bewachung der Synagoge beordert gewesen zu sein. Er kannte also das Publikum und seine feiertäglichen Gepflogenheiten.

Die entscheidende Bekundung war die des Hauptwachtmeisters, der angab, von dem Augenblick der Aufforderung zum Verlassen bis zum Hinauswurf seien etwa *anderthalb Minuten* vergangen. Nach der Ansicht des Verteidigers genügt wohl eine solche Zeit oder auch eine kürzere, um einen preußischen Unteroffizier Kehrtmarsch machen zu lassen – nicht aber einen Menschen zur Sinneswandlung zu veranlassen, der sich (begreiflich erregt) im Rechte glaubt, an einem geeigneten Orte eine Beschwerde einzulegen.

Das Gericht folgte diesen Ausführungen und sprach den Angeklagten frei.

Soweit mag der schriftliche Bericht ausreichen, um eine sachliche Wiedergabe des Prozeßverlaufes zu geben. Wie sich aber die Schupobeamten vor Gericht verhielten – um das zu schildern, wäre die Hilfeleistung eines Phonographen wünschenswert gewesen. Schon die Eidesleistung des Hauptwachtmeisters war eine stimmliche Leistung. Der Ton aber, in dem er sich selbst zum Ankläger aufschwang, wie er, die sanfte Prozeßleitung benutzend, Fragen stellte und sich zu Bemerkungen meldete – vor allem das Wort, mit dem er eine seiner Bekundungen einleitete: »Hier muß ich weiter ausschweifen . . .«, das war wert, phonographisch aufgenommen zu werden – während seine zitternde Erregung, die Leidenschaft mit Augenrollen, gesträubtem Schnurrbart und geblähtem Bauch dem Kinematographen ein würdiges Objekt gegeben hätten.

Zusammenfassend kann man sagen: Einem Beamten, der so vor Gericht auftritt, möchte man – Christ oder Jude, schuldig oder nicht – lieber nicht begegnen. Namentlich nicht im Traum.

September 1925

Der Segen der Demokratie

Meine Damen,

Sie wollen wählen?

Daß Sie wählen *können,* verdanken Sie der Demokratie. Also, wenn Sie wählen, wählen Sie demokratisch.

Sie wollen mitreden?

Nur in der Demokratie dürfen Sie mitreden, also wählen Sie demokratisch.

Sie wollen heiraten?

Dann wählen Sie demokratisch. Denn nur ein Demokrat gibt seiner Frau die Stellung, die ihr im Haushalt gebührt.

Sie meinen, es gäbe auch Deutschnationale, die unterm Pantoffel stehen?

Möglich, aber einen solchen Mann werden Sie nicht wählen. Nur ein Demokrat kann nicht unter den Pantoffel kommen, weil er die Frau sowieso mitreden läßt.

Sie wollen gar nicht mitreden?

Auch gut; dann wählen Sie erst recht demokratisch. Denn nur die Demokratie nimmt auch Rücksicht auf die Leute, die nicht mitreden.

Sie sind gar keine Demokratin?

Um so notwendiger ist es, daß Sie demokratisch wählen, denn nur die Demokratie läßt jeder Überzeugung ihr Recht.

Sie wollen weniger Hundesteuer zahlen?

Dann wählen Sie demokratisch. Denn in der Demokratie findet sogar der Hund die ihm gebührende Liebe und Achtung.

Sie wollen überhaupt weniger Steuern zahlen?

Dann sind Sie Demokratin. Denn die Demokraten sind dafür, daß durch Sparsamkeit die öffentlichen Lasten sich immer mehr vermindern.

Sie sind zu reich?

Deshalb dürfen Sie ruhig demokratisch wählen; denn nur in der Demokratie wird nicht jeder Mensch über die Achsel angesehen oder verdächtigt oder mit Schmutz beworfen, nur weil er ein paar Kröten mehr hat.

Sie sind gar nicht so reich?

Dann gehören Sie gewiß zu den Demokraten.

Sie sind sogar arm?

Dann werden die Demokraten am besten Ihre Interessen vertreten und durch ihre Politik es ermöglichen, daß Sie zu Wohlstand gelangen.

Sie haben Kinder?

Dann wählen Sie demokratisch. Denn nur die Demokratie ist wirklich kinderlieb.

Die Deutschnationalen bekommen auch Kinder?

Richtig. Aber sie erziehen ihre Kinder zum Haß gegen die Völker, zu künftigen Kriegern. Wenn Sie wollen, daß Ihre Kinder alt genug werden, um selber Kinder zu kriegen, dann wählen Sie demokratisch.

Sie wollen, daß Ihre Kinder was lernen?

Dann wählen Sie nicht deutschnational. Denn die Deutschnationalen zielen auf die Verdummung des Volkes.

Es gibt auch gebildete Deutschnationale?

Gewiß, aber diese betrachten ihr Wissen als einen Privatbesitz, den sie mit keinem teilen wollen. Deshalb merkt man es ihnen so oft nicht an.

Sie wollen, daß Ihre Kinder zu Charakteren werden?

Dann erziehen Sie sie zu Demokraten. Der Demokrat ist nur seinem eigenen Gewissen gegenüber verantwortlich.

Sie meinen, daß es eine Autorität geben müsse?

Ja, aber nur eine, die durch ihre guten Gründe überzeugt, und nicht eine, die verlangt, daß man vor ihr strammsteht.

Sie wollen aber stramme Jungens?

Dann wählen Sie demokratisch. Denn die Demokratie tritt immer dafür ein, daß die Jugend nicht nur geistig, sondern durch Sport und Spiel auch körperlich gekräftigt wird.

Sie wollen selbst gesund bleiben?

Dann denken Sie daran, daß die mustergültigen hygienischen Anstalten, unsere Volksparks, unsere Krankenhäuser, Schöpfungen des demokratischen Regimes sind, das schon in kaiserlichen Zeiten im Roten Hause das maßgebende war.

Sie wollen Ihres Lebens froh werden, sein und bleiben?

Dann heiraten Sie demokratisch, erziehen Sie Ihre Kinder demokratisch, wählen Sie demokratisch!

Ob es was nützt?

Sicher, und selbst wenn nicht alle Blütenträume reifen ... Die demokratische Politik ist die einzige, die nicht schadet; denn sie kennt nicht Haß und nicht Neid, nicht Verachtung und nicht Zwang. Sie will allen Menschen die Segnungen gleichen Rechtes und gleicher Fürsorge zukommen lassen. Also auch Ihnen.

Oktober 1925

Brief, der ihn nicht erreicht

*Hochverehrter Herr Generalfeldmarschall!**
Die Gelegenheit, an einen Feldmarschall zu schreiben, bietet sich mir so selten, daß es mir eigentlich leid tut, nicht gelesen zu werden. Aber meine aufrichtige Verehrung drängt mich zu einigen teilnehmenden Worten. Daß Sie es auf sich nahmen, in den politischen Kampf zu treten, das will ich – um Sie nicht zu beleidigen – gar nicht besonders bewundern. Ein Soldat kann den Kampf nur als sein natürliches Element betrachten, und wenn Sie glaubten, einer höheren Pflicht zu genügen, so war alles weitere für Sie nur selbstverständlich. Aber – so frage ich mich – wie muß Ihnen zumute sein in dem steten Zusammensein mit *den* Generalstäblern, die jetzt für Sie arbeiten, welche Qual müssen Ihnen die Reden bereiten, die man Sie halten läßt. Wahrlich, Sie können mit Zola von Kröten sprechen, die man Sie täglich schlucken läßt.

Sie durften sich bisher rühmen, kein Politiker zu sein. Wenn ich aber an Ihre Umgebung denke, so fürchte ich, Sie bekommen doch einen falschen und einen gar zu schlechten Eindruck von der Politik. Die Politiker sind gar nicht so schlimm, wie es sich von Ihrem Standpunkt ausnimmt – ein gewisses Mindestmaß von Ehrlichkeit vorausgesetzt. Nun hätte es Ihnen

* Paul von Beneckendorff und von Hindenburg (1847–1934); seit 1914 *Generalfeldmarschall;* Erzmilitarist. Verbündete sich 1918 mit den rechten Führern der SPD zur Niederschlagung der Novemberrevolution in Deutschland. Seine Wahl zum Reichspräsidenten am 26. April 1925 markierte deutlich die Rechtsentwicklung in der Weimarer Republik.

sicher einige Freude bereitet, von der Wiederaufrichtung der Monarchie, von der Größe des Kaiserreichs Deutschland, von der Vergeltung an unseren ehemaligen Feinden zu sprechen. Aber das hat man Ihnen nicht mal erlaubt – Sie mußten sprechen, fast wie ein Demokrat, und das muß Ihnen peinlich aufgefallen sein. Und dennoch: Reden ist ja noch nicht das schlimmste. Wissen Sie, daß man – für den Fall Ihrer Wahl – Sie auch handeln lassen wird wie nur einen Demokraten, daß man Sie zwingen wird, täglich das Gegenteil von dem zu tun, was Ihrer Überzeugung entspricht?

Wieso das so ist, wage ich nicht, Ihnen auseinanderzusetzen, schon deshalb nicht, weil Sie ja meinen Brief doch nicht lesen. Auch weil ich nicht glaube, daß Sie sich durch meine bescheidenen Vorhaltungen bewegen ließen, Ihre Kandidatur aufzugeben. Es wäre eben doch ganz gegen Ihren Charakter, etwas auf halbem Wege aufzugeben, was Sie ganz zu tun für Ihre Pflicht halten.

Aber weil Ihnen das Wohl des Vaterlandes über alles geht, weil Sie vermutlich längst eingesehen haben, daß jede Politik – auch die demokratische – mit Überzeugung getrieben werden muß, wenn Sie Erfolge haben soll, weil eine republikanisch-demokratische Politik (»demokratisch« nicht vom Standpunkt der Partei, sondern weltanschauungsmäßig) die einzig mögliche ist, weil es in diesem Kampfe auf jede Stimme ankommt, so appelliere ich an Ihr hohes Pflichtgefühl und bitte Sie inständigst: *Geben Sie Ihre Stimme nur Wilhelm Marx!**

April 1925

* Da bei der Reichspräsidentenwahl am 29. März 1925 keiner der Kandidaten die absolute Mehrheit erhielt, zog die SPD ihren Kandidaten (Otto Braun) zurück und bildete mit der Deutschen Demokratischen Partei sowie dem Zentrum einen »Volksblock«, für den im zweiten Wahlgang *Wilhelm Marx* als Reichspräsidentschaftskandidat nominiert wurde.

Nachts vor der Wahl

Dies Prozeßlein war zeitgemäß. Es handelte sich um die Nacht vor der Reichstagswahl am 4. Mai.* Damals wurde eine kommunistische Klebekolonne auf einer Polizeiwache verprügelt. Das ist nun fast ein ganzes Jahr her. Es wäre übertrieben, wollte man behaupten, daß die Gerichte mit atemberaubender Schnelligkeit arbeiten. Immerhin, man kam zurecht, um für die heutige Wahl** ein Warnungsfeuerchen anzuzünden.

Angeklagt war ein junger Wachtmeister, der die Zeugen verprügelt, ja über Stühle gelegt hat und nach Kommando exerzieren ließ. Der einzig Beteiligte war er sicher nicht – aber seine Kollegen, die auf der Wachtstube waren, erinnerten sich an nichts, sie hatten nichts gehört oder nichts gesehen. Es ist offenbar eine Berufskrankheit; wie es Nacht- oder Farbenblindheit gibt, so grassiert unter Leuten, die auf der Straße scharf aufzupassen haben, die Wachtstubenblind- und -taubheit. Zwanzig Leute sollen in der Wachtstube gewesen sein, und nach einem Jahr emsiger Vorbereitung hat man die drei, vier Schupos als Zeugen gewonnen, die – eben wachtstubentaub und -blind sind.

Das Gericht aber ließ sich von dem beklagenswerten Gesundheitszustand der grünen Zeugen wenig beeinflussen, hielt vielmehr die Aussagen der Mißhandelten für glaubhaft – auch seien ja die Wachtstubenprügeleien gerichtsnotorisch, man

* Gemeint ist die Reichstagswahl vom 4. Mai 1924.

** Hier handelt es sich um den zweiten Wahlgang zur Reichspräsidentenwahl am 26. April 1925.

müßte mit dem Unfug endlich aufräumen –, verurteilte den Angeklagten zu sechs Monaten Gefängnis und aberkannte seine Amtsfähigkeit auf die Dauer von drei Jahren.

Eine Kleinigkeit ist anzumerken. Ein Oberwachtmeister, der gefragt worden war, ob er in der Nacht Gummiknüppel an die Mannschaft ausgegeben habe, und der immerhin die Möglichkeit hierfür zugegeben hatte, meldete sich kurz vor Schluß der Beweisaufnahme noch einmal zum Wort: Er habe gar keine Genehmigung zur Aussage von seiten seiner vorgesetzten Behörde gehabt und ziehe deshalb seine Aussage zurück. Das ging nun freilich nicht mehr. Aber die Fälle scheinen sich zu häufen. Vor einigen Tagen erst weigerten sich Kriminalbeamte, in einer sehr gleichgültigen Angelegenheit auszusagen, weil ein Erlaß des Präsidiums ihnen das verboten habe. Es entstand ziemliche Aufregung im Gerichtssaal, und der Richter konnte durch telefonische Anfrage sofort feststellen, daß es sich um ein Mißverständnis handle; nur über *interne* Angelegenheiten der Polizei sei den Beamten ohne vorherige Erlaubnis die Aussage verboten.

Von diesem Mißverständnis scheint fortan mit besonderer Vorliebe Gebrauch gemacht zu werden. In der Tat scheinen aber derartige Erlasse nicht ungefährlich zu sein, weil sie vielleicht nur zu geeignet sind, die Wachtstubentaub- und -blindheit in geradezu lebensgefährlicher Weise (für die Inhaftierten) zu verschlimmern.

April 1925

Der Dichter und die Geschäftsaufsicht

Es war einmal ein Dichter, der lebte in einer tollen Zeit und in einem vergnügten Lande. Das Land hatte nämlich einen Krieg verloren, und die Folge davon war, daß den Leuten das Geld in der Tasche quoll und schwoll. Die Leute lebten einen guten Tag, aßen Austern und tranken Schampus, sie fuhren in herrlichen Automobilen – das Geld hörte nicht auf zu quellen und zu schwellen.

Nur bei dem Dichter quoll und schwoll nichts in der Tasche, weil er nämlich kein Geld drin hatte. Seine Freunde, die Kaufleute, verdienten an der Börse märchenhafte Summen – er blieb arm. Einmal, als die Kaufleute von einem besonders guten Tip redeten, sagte er zu ihnen: »Könnt ihr mir nicht auch zu einem Tip verhelfen?«

Sie antworteten mit der Gegenfrage: »Hast du Geld?« – die er freilich verneinen mußte. »Tja«, sagten die Freunde, »wenn du kein Geld hast, dann nutzt dir auch kein Tip.« Und der Dichter blieb arm.

Dann aber kam eine andere Zeit – da waren die Taschen der Kaufleute plötzlich leer –, was die meisten nicht hinderte, sehr vergnüglich weiterzuleben. Sie knabberten Krebse, fuhren in köstlichen Motorbooten auf blauen Seen, und einige von ihnen standen sogar unter Geschäftsaufsicht.

Und der Dichter aß noch immer sein trockenes Brot wie zu den Zeiten des schwellenden Geldes, und er sagte zu seinem vornehmsten Freund: »Ach, Lieber, ich sehe, wie gut es dir geht; kannst du mir nicht sagen, wie ich es mache, unter Geschäftsaufsicht zu kommen?«

»Hast du Schulden?« fragte der Kaufmann.

»Wie soll ich zu Schulden kommen, da mir niemand was leiht?«

»Dann kannst du auch nicht unter Geschäftsaufsicht kommen», sagte der Kaufmann und wandte sich kühl ab.

Da schluchzte der Dichter plötzlich wild auf und konnte sich nur schwer beruhigen. Endlich richtete er sich empor und sprach vor sich hin: »Da ich keine Schulden habe, bin ich vielleicht der Reichste von allen. Wie gern würde ich mich meines Reichtums freuen, wenn – ach, wenn ich nur von ihm ein bißchen besser leben könnte.«

Juni 1924

Die Sintflut

Im Marmorsaal am Zoo hielt gestern Dr. Georg *Lomer* einen kräftig angekündigten Vortrag über die Kunst der Prophetie, kommende Weltkatastrophen und Voraussagen für die nächsten Jahre und Jahrzehnte.

Seinen Ausführungen sind folgende Leitgedanken zu entnehmen: Wohl denen, die an Gicht leiden. Denn sie merken, wenn schlechtes Wetter wird.

Wird das Wetter schlecht, dann wird auch die Politik mies.

Einen Tag vorher (im Jahre 1755) war allen Einwohnern von Cádiz übel.

Einen Tag nachher fand das Erdbeben von Lissabon statt.

Und ein Jahr später begann der Siebenjährige Krieg.

Am 10. Januar 1920 wurde der Vertrag von Versailles ratifiziert.

Am 11. Januar fiel das Barometer.

Es kamen die Unruhen im Ruhrgebiet und in Berlin der blutige Dienstag.

Dann stieg das Barometer – und es wurde wieder alles ruhig.

(In diesem Falle verschwieg Lomer, wem vorher übel war.)

Auch beim Kapp-Putsch war das Wetter schlecht.

1910 war der Halleysche Komet am Himmel. 1914 brach der Weltkrieg aus.

Es gab aber Leute, die den Ausgang des Krieges voraussahen. (Wiederum verschwieg Lomer, ob diese Leute an Gicht litten oder ob ihnen übel war.)

Soviel aber lasse sich voraussehen, daß dieser Krieg nur der erste Akt war. Ein Medium habe es gesagt.

Das Medium meint, noch im ersten Halbjahr 1920 breche des Weltkrieges zweiter Teil aus: Amerika gegen Japan; zuerst ist Amerika allein, dann machen Frankreich und England mit, worauf Deutschland und Rußland Japans Partei ergreifen werden. Im Fernen Osten bleibe Amerika siegreich – aber in Europa werde Deutschland über Frankreich und England siegen. Polen geht schon vorher kaputt. (An dieser Stelle erhielt Lomer lebhaften Beifall des lächelnden Publikums.)

Im Jahre 1925 kommt der Stern von Bethlehem wieder. Dann werden ungeheure Veränderungen auf der Landkarte vor sich gehen. England werde vom Meer verschlungen, von Frankreich bleiben auch nur zwei Zipfel im Nordwesten und im Südwesten übrig. (Hier vergaß Lomer zu bestätigen, daß dann der Rhein bei Basel ins Meer mündet. Denn daß die Sintflut vor Deutschlands Toren haltmacht, ist bei der nationalen Gesinnung Lomers selbstverständlich.)

Ob Herr Dr. Lomer an das, was er aus den Quellen anderer Seher wiedergibt, selbst glaubt, ist weder aus dem Wortlaut noch aus dem Tonfall, noch aus seinem Mienenspiel völlig klargeworden. Trocken, phantasielos, ohne Schwung, ohne Pathos absolvierte er sein Programm. Von dem Untergange Englands spricht er mit der Ruhe eines Delikateßhändlers, der erklärt, daß der Schweizer Käse fünf Pfennig billiger wird. Und die Weltaufgabe der deutschen Kultur ist ihm so geläufig, wie einem Militärkapellmeister »Heil Dir im Siegerkranz . . .«.

Das Publikum war hierdurch gar nicht in die Möglichkeit versetzt, seiner Begeisterung oder seiner Heiterkeit lebhafteren Ausdruck zu geben. Denn die Kometen und Sturmfluten traten in solcher Menge auf, daß sie nur eine sanft lächelnde Schläfrigkeit erzeugten. Das Lächeln läßt darauf schließen, daß die meisten der Anwesenden Herrn Dr. Lomer für einen Dummkopf und sich selbst für die Klugen hielten. Ein Blick auf den großen, bis zum letzten Platz (für fünf bis fünfzehn Mark) ausverkauften Saal lehrte indessen, daß Herr Lomer der Klügere war.

März 1921

Berliner Porträt
Eine biographische Skizze

I

Als die Chiffre *Sling* zu Beginn der zwanziger Jahre im Feuilletonteil der »Vossischen Zeitung« – einer der ältesten und renommiertesten bürgerlichen Tageszeitungen Deutschlands (1704–1934) – aufblitzte und dem Hause Ullstein wie ein Markenzeichen die Sympathien jener Leser sicherte, die die »kurzen Sächelchen« des Autors, die bunten Skizzen, Betrachtungen, Schnappschüsse aus dem Leben der Millionenstadt, nicht mehr missen wollten, stand der »breite, schwere, ein wenig vorgebeugt gehende Mann« mit dem »großen, runden Schädel über einem Kranz noch vollen Haares« bereits im fünften Jahrzehnt und war beileibe kein Neuling im Metier.

Und doch handelte es sich bei der Entscheidung, mit einem beachtlichen Teil verfügbarer Fähigkeiten hinter den Schirm eines Pseudonyms zu treten, um Abschluß und Neubeginn, um Selbsteinschätzung und sinnvollen Einsatz des eigenen Talents.

Wer ist Sling? Wer verbirgt sich hinter diesem Nom de guerre?

Wieder und wieder wurde so gefragt. – Zunächst entzog sich der Autor jeder eindeutigen Antwort durch Vorspiegelung verdrehter Tatsachen. Das gehörte zum Geschäft. Zarte Damen trügen ihm ihre Liebe an. Scheckbetrüger könnten seinen Namen nutzen, Debütanten in den Redaktionen »gezinkte« Beiträge anbieten. Zur Verhütung im Wiederholungsfalle sähe er sich zu einigen Feststellungen gezwungen: »Ich sage nie, auch nicht in Stunden höchster Daseinsbegeisterung, daß ich unter dem Namen ›Sling‹ schreibe ... Es wird gebeten, Personen, die das von sich behaupten, in der nächsten Polizeistation abzugeben ... Ich bin überhaupt nicht greifbar, sondern nur Seele.« – »Seele« und »wienerisch eingefärbte Gefühlsanmut« hatte ihm auch Mynona bescheinigt, als – noch unter dem eigentlichen Namen Paul Schlesinger – Anfang 1921 bei Georg Müller in München »Das Kopierbuch der Liebe« erschienen war. Mynonas Urteil klappte nach. Schlesinger wollte nicht mehr *kopieren*, sondern befand sich zu diesem Zeitpunkt bereits im Stadium wesentlicher *Wandlung*.

Er wollte *Berlin schreiben*, wie er dem Freunde Moritz Goldstein bei seinem Antritt als Mitarbeiter des Feuilletons in der »Vossischen« versicherte, wollte versuchen, die atmosphärischen, menschlichen und politischen Veränderungen im Charakter der ehemaligen Reichshauptstadt zu erfassen; wollte ihre jähen Stimmungswechsel in Szene, Geist und Sprechweise einfangen, den Menschen dieser Stadt ins Herz und aufs Maul schauen. Da waren klarer Kopf und unbestechlicher Blick dienlicher als Gefühlsüberschwang und nostalgisches Kokettieren mit der »guten, alten Zeit«.

So ist das Kürzel Sling auch Ausdruck für ein neues Berufs- und Kunstverständnis, über das der Autor, als er 1924 eine erste Sammlung seiner Feuilletons unter dem bündigen Titel »Das Sling-Buch« veröffentlichte, nun bereitwilliger, aber nicht ohne vertrackte Selbstironie, in einer autobiographischen Eulenspiegelei Auskunft gab: »Im Februar 1921 kam ich auf die Welt – ich kann also ziemlich ohne Übertreibung von mir sagen, daß ich bald 3 (in Worten: drei) Jahre alt werde. Bereits meine Geburtsanzeige verfaßte ich selbst. Sie war sprachlich so ausgezeichnet, im Gefühl so einfach und so echt, daß es mich reizte, jede Regung, jedes Geschehnis meines jungen Lebens niederzuschreiben. Mein erstes Stück, ein Lustspiel, verfaßte ich mit anderthalb Jahren.

Aber auch sonst entwickelte ich mich sehr hoffnungsvoll. Ich bin einer der wenigen Menschen, die von ihrem früheren Leben eine sehr genaue Vorstellung haben. Ich wäre also in der Lage, meinem früheren Ich einen sehr ausführlichen Nekrolog zu schreiben.

Indessen glückte mir schon zu meinen früheren Lebzeiten eine Erfindung, die eigentlich jede weitere Aussprache überflüssig machte. *Es handelte sich um eine neue Kunstanschauung, Suppressionismus. Nach dem Im-, der mich an-, nach dem Ex-, der mich auf-, ersann ich den Suppressionismus, der mich abregte. Ich habe die Kunst erfunden, mich zu unterdrücken. Leider machte ich keine Schule und blieb in meiner Richtung der einzige Meister.* (Hervorhebung – R. Gr.)

Natürlich starb ich daran. Im kräftigen Mannesalter. Es tut mir nur leid, daß ich meine große Erfindung nicht am Anfang, sondern erst am Ende meines früheren Lebens gemacht habe. Mir wäre viel Arbeit erspart geblieben. So war ich gezwungen, allerlei zu probieren.«

Tatsächlich hat Paul Schlesinger alias Sling lange experimentiert, ehe er sich, in der Weimarer Republik auf der Höhe seiner Schaffenskraft und in dem Maße, wie er sich als Feuilletonist und Gerichtsberichterstatter engagierte, zu einer ausgeprägten Gestalt des bürgerlich-kritischen Journalismus in Berlin entwickelte.

II

Zum Start in sein »vormaliges Leben«, der noch unter den Bedingungen des Gründertaumels und des Katzenjammers über verpaßte und verpatzte Gelegenheiten eines raschen wirtschaftlichen Aufschwungs in der Elterngeneration zu sehen ist, gehörten eine Reihe schmerzhafter Erfahrungen, wie sie damals für viele, überdurchschnittlich befähigte junge Menschen namentlich aus wohlsituierten jüdischen Familien nicht außergewöhnlich waren.

Geboren am 11. Mai 1878 in Berlin, wurde der junge Paul Felix Schlesinger zunächst gegen seine musikalischen Neigungen in eine Kaufmannslehre gesteckt: »Den Grund meiner juristischen Kenntnisse legte ich als Lehrling einer sehr alten, sehr ehrenwerten Firma der Textilbranche. Wir fabrizierten Damenkleiderstoffe, Schals und Tücher. Da keiner der Söhne und Schwiegersöhne des Chefs Rechtsanwalt geworden war, führte die Firma prinzipiell keine Prozesse. Infolgedessen ließ er die unbefriedigte Streitlust in den Geschäftsräumen des Hauses aus, besonders an mir. Er war gewöhnlich anderer Ansicht ... In dieser trüben Lehrzeit gab es einen Lichtblick.

Alle zwei, drei Monate passierte es, daß der jeweilige Lehrling mit dem Hausdiener Justav auf dem Packhof zu tun hatte.

Nun war es eine geheiligte Tradition der Firma, daß jede Erledigung auf dem Packhof fünf Stunden dauerte. In Wirklichkeit brauchte man zwei Stunden zu dem Geschäft. Justav und der Lehrling gingen zunächst in eine Destille frühstücken, sodann zogen sie in gehobener Stimmung in das nahe gelegene Kriminalgericht, um ein paar Verbrecher aburteilen zu sehen.

So kam ich nach Moabit. In Moabit rollten Justavs und meine Filme. – Ich habe das Wollwarenhandwerk nie gelernt. Aber von Moabit blieb etwas in mir hängen.«

Sling, der erklärte *Suppressionist,* untertreibt. Aus der Kenntnis des Wollwarenhandwerks entstand »Stefan und Elsa Hirrlinger – Ein Roman aus der Zeit vor dem Kriege«, dem Vater gewidmet, begonnen im Frühjahr 1912 in Paris, beendet im Sommer 1914 in Berlin. Als das Buch – von dem sich der Autor seinen künstlerischen Durchbruch versprochen hatte, 1922 bei S. Fischer erschien, waren Thema und Stil durch die Entwicklung der Literatur und der Zeitereignisse längst überholt. Der Autor stand plötzlich im Mottenrock da – in einer Situation, die ihn aber nicht allzusehr irritierte, da ähnliches ihm auch schon früher geschehen war. Ein Großteil seines Lebens vor 1918 bestand aus der Überwindung mißlicher Umstände (hoher Einsatz – wenig Gewinn), häufigen Balanceakten, die er aber immer »irgendwie elegant« gemeistert hat, da er – sich ihrer komischen und grotesken Seiten bewußt – *Erzähltes* aus ihnen zu machen verstand. Die Vielseitigkeit seiner Begabung half ihm aus. Verließ ihn das eine Talent, kam ihm ein anderes zustatten ... Bereits als Siebzehnjähriger hatte er parodierend zu unterhalten gewußt. 1895 druckte der Verlag J. Gnadenfeld & Co. unter dem Pseudonym *Paul Felix* eine erste, später vom Autor selbst rasch vergessene Persiflage

»Fernands Flitterwochen« auf einen Schwank von Feydeau. Dann drängte die Familie auf ernsthafte Ausbildung . . .

Um 1900 studierte Schlesinger in München und Berlin germanistische Fächer, Schauspielerei und Musik. Freunde bescheinigten, er sei ein passabler Cellist. Den Versuch, seinen Mangel an Genialität durch eine Kapellmeisterlaufbahn zu kaschieren, gab er auf, als sich erwies, daß die Tätigkeit als Musikkritiker dafür geeigneter erschien. Musik und Theatergeschichte begeisterten ihn. So kam er aus dem Zustand des Probierens und der Erprobung lange nicht heraus.

Die Münchener Boheme gab dann den Nährboden ab, auf dem sich die eine oder andere Begabung durchsetzen sollte. Programm- und Textzettel des im Winter 1900 auf 1901 gegründeten und bis 1904 bestehenden ersten nonkonformistischen Münchner Kabaretts »Die elf Scharfrichter« weisen Paul Schlesinger neben bekannten Darstellern als größeren Rollenträger aus. So spielte er den Popen in »Verstörtes Fest«, einem Einakter von Louis Marsolleau; den Arzt in dem Vierpersonenstück »Die Melodie oder Die Tragödie des Überbrettls« und den Kammerherren Schimmelmann in »Topf – Etwas von Serenissimo«, beides von BEELZEBUB. Für ein Programm ausgewählter Lieder, vorgetragen von Olly Bernhardi, schrieb er zu dem Gedicht »Der kleine Sünder« von Richard Dehmel zärtlich-frische Töne im Reformstil beliebter Kinderlieder. – Aus dieser Zeit bei den »Elf Scharfrichtern« stammen Schlesingers Beziehungen zu Gumppenberg, Leo Greiner, Erich Mühsam, Otto Falckenberg, stammt auch die bis an sein Lebensende anhaltende Hochachtung für Wedekind.

München, unvergleichlich freisinniger und kunstoffener als Berlin, wurde für seine Selbstentdeckung wichtig. Die Distanz zu allem Penetrant-Preußischen war gewachsen. Das Gefühl für die Bewertung eigener Möglichkeiten bildete sich aus. Dilettantismus als weithin unerkanntes Phänomen in den Künsten beschäftigte ihn. Ein Dilettant wollte er bei Gott nicht sein. Vor Kitsch gruselte ihn. Vieles wies schon jetzt auf den kritischen und literarischen Journalismus als das ihm gemäße Betätigungsfeld.

Ende 1906 erhält Schlesinger den Auftrag zu einem ersten großen Interview: Er soll Richard Strauss befragen, wie ihm vor der Aufführung seiner »Salome« an der Berliner Hofoper so sei. Er benimmt sich schüchtern, wird mit dem Pressezeichner verwechselt. Das Gespräch kommt nicht zustande, aber das Interview schlägt ein. Schlesingers Kenntnisse der Materie waren immer glänzend. – So schreibt er sich durch.

1908 erscheint in Siegfried Jacobsohns »Schaubühne« eine Reihe mit dem vollen Namen gezeichneter Beiträge über »Die münchner Tonkünstlervereinigung«, über »Bayreuth 1908«, über »Sardanapel«, und über »Die Zukunft des berliner Opernhauses». Musik – und Theaterkritiken stehen auch in der Folgezeit im Vordergrund seiner Mitarbeit am berühmten »roten Blättchen«. Hervorzuheben: »Das stuttgarter Theaterjahr« (1910), »Max Reinhardt und Paris«, »Geistiges Eigentum« – ein Beitrag zur Parsifal-Adaption, und »Weingärtner« – alles Arbeiten aus dem Jahre 1912. – Auch in den zwanziger Jahren bleibt »Die Weltbühne« Forum fortgeführter Musikkritik.

Inzwischen war der gediegen gebildete, sensible und umsichtige junge Mann als Korrespondent des Hauses Ullstein fest angestellt. Er lernte die Kunst des Reisens, sah sich in vielen Städten Deutschlands um. 1911/1912 arbeitete er für ein Jahr in Paris. In seiner Bilanz überwogen freundliche Begegnungen. Er war beeindruckt von »der wahren Gesinnung des französischen Volkes«, notiert aber auch »unselige chauvinistische Spannungen« zwischen den Ländern »mitten im Agadir-Konflikt«.

Zwischen 1910 und 1914 widmet er sich intensiver der eigenen literarischen Produktion. In Hanns von Gumppenbergs Zeitschrift »Licht und Schatten« (München) erscheinen kürzere Erzählungen und Prosaskizzen. Neben der »Schaubühne« (Berlin) druckten in den Vorkriegsjahren unter anderem der »Simplicissimus« (München) und »Der Greif« (Stuttgart) Arbeiten Schlesingers.

Dann bricht wieder alles ab. Die Truppen des deutschen Kaisers fallen in Frankreich und Belgien ein. Schlesinger, Zivilist vom Scheitel bis zur Sohle, schon ein wenig behäbig und Familienvater aus Passion, wird zum Garnisonsdienst nach Ostpreußen abgestellt, bis das Haus Ullstein ihn 1915 für zwei Jahre als Auslandskorrespondenten in die Schweiz, nach Bern und Lugano, beordern kann. Dort schreibt er sich seine Siegesverdrossenheit von der Seele.

Jacobsohns unerschrockenen Umgang mit der Pressezensur der Obersten Heeresleitung verdankt er die Veröffentlichung seines fiktiven Dialogs mit einem stramm wilhelminischen Ausbildungsoffizier. Das hörte sich so an: »Sehen Sie – ich liege – mitten im Dreck. O nein, ich ekle mich vor gar nichts. Das wäre noch schöner. Ich weiß sehr gut, daß die Braven draußen ihre Erfolge nicht nur dem großen Mut vor dem Furchtbaren verdanken: auch der Mut vor dem Ekelhaften hat Wunder vollbracht. Denn wir sind eine reinliche Nation, waschen uns nachher, und dann ist wieder alles gut. Schmutz ist nur für die Nationen peinlich, denen das Waschen ungewohnt ist.«

In diesem Tonfall spann er den Faden weiter bis zur kaum noch verschleierten Brandmarkung des Krieges als kalkuliertem Brudermord. Der satirische Stimmungsbericht vermittelt anschaulich die frühe pazifistische und antimilitaristische Haltung des Autors. Damit hatte Schlesinger eine Form entdeckt, auf die er nach 1918, als es galt, den Bedingungen des republikanischen »Zwischenspiels« gerecht zu werden, erfolgreich zurückgriff.

Das mehr oder weniger kräftig satirisch beziehungsweise ironisch pointierte Feuilleton wurde in den unmittelbaren, von revolutionärer Unruhe und großen sozialen und politischen Spannungen geprägten Nachkriegsjahren für die fortschrittliche Presse eine der funktionstüchtigsten Formen der Zwiesprache mit dem Leser. Diese Art der Kurzprosa erlaubte schnelles Reagieren, forderte geistesgegenwärtige Reaktionen. Von punktuellen, besonderen Beobachtungen, Stimmungen und Erscheinungen in bestimmten Wirklichkeitsbereichen ausgehend, stieß der Autor auf kürzestem Wege – quasi »per Luftlinie« (Anton Kuh) – zu den beabsichtigten Aussagen über Mensch und Gesellschaft vor. Das moderne Feuilleton lebt von der Pointe. Denn sie – das war Schlesingers erklärte Überzeugung – vermochte »tiefer und wirksamer ins Gedächtnis einzudringen als die gelehrteste Abhandlung«. Entsprechend gehandhabt, kann das Feuilleton demaskierend und aufklärerisch wirken. – Das alles traf sich mit den Beweggründen des Autors, nach Beendigung des Krieges neben der literarischen Arbeit den »Forderungen des Tages« zu genügen und sich primär als Journalist zu verstehen. Der bestimmende Grundzug seiner Arbeit bis an sein Lebensende wird aufklärerisch-kritisch.

III

München, Paris, Lugano, Bern, noch einmal München – das alles lag hinter ihm. Ein Zeitalter ging zu Ende. Etwas ganz anderes kam herauf. 1920 mußte Ullstein sein Korrespondentennetz einschränken. Schlesinger wurde aus München zurückgerufen. Er empfand die Heimkehr in seine Vaterstadt als »Neugeburt« und die Jahre zuvor als »abgelegtes Leben«. Hier in Berlin zeigten sich die innen- und außenpolitischen Probleme des Landes krasser als anderswo, hier befand er sich wieder im Herzen des Geschehens. Die Dynamik der Stadt riß ihn mit. Er sah mit veränderten Augen auf Geschichte und Geschichten ihres Alltags. Seine frühere weltläufig-tolerante, freigeistig-liberale Haltung profilierte sich in Richtung auf einen aktiven Demokratismus; Reformen im Staats- und Sozialgefüge schienen ihm unabwendbar. Hellhörig, klar beobachtend, alle Sinne geschärft, so schritt er in der Folgezeit durch die Stadt und beschrieb, was die Stunde ihm zutrug.

Von den Ullsteins kam er dabei zeit seines Lebens nicht los. Dieser bürgerliche Pressekonzern hatte sich im Laufe der raschen Konzentrationsprozesse im deutschen Zeitungs- und Nachrichtenwesen bereits erheblich ausgedehnt, als er 1913 die »Vossische Zeitung« kaufte und begann, ein eigenes international recherchierendes Nachrichtenbüro auszubauen. Dadurch überstand das Haus nicht nur Krieg und Inflation, sondern schuf auch die Voraussetzungen für die Expansion eines publizistischen Großunternehmens, das dann in der Weimarer Republik mit seinen Zeitungen und Zeitschriften, Schnittmusterheften, Kinder- und Kochbüchern, den billigen gelben Unterhaltungsromanen, aber auch vorbildlich gestalteten Kunst- und Sachbüchern Gesicht, Geist, Rhythmus und Kultur Berlins auffällig mitbestimmt hat. Übrigens: Schlesinger schrieb vier Kasperle-Bücher und mehrere Trivialromane für Ullstein.

»BZ am Mittag«, »BZ am Abend«, »Die Dame«, »Der Uhu«, »Der heitere Fridolin« – so klang es an allen Ecken der Stadt. Die »Voß«, für die Schlesinger seine Berlin-Feuilletons verfaßte, war dabei das auf Stabilisierung und Ausbau demokratisch-republikanischer Verhältnisse am stärksten bedachte, seriöseste Blatt. 1920 hatte Georg Bernhard (1875–1944), schon seit längerem mit Schlesinger bekannt und übrigens auch ein Verehrer Maximilian Hardens, die Chefredaktion des »Flaggschiffs« bei Ullstein übernommen. Bernhard war führendes Mitglied der Deutschen Demokratischen Partei, für die auch Schlesinger votierte, und galt als Fürsprecher einer weitgehenden Kontrolle und Entflechtung hochorganisierter kapitalistischer Wirtschaftsbetriebe. Er kämpfte entschieden gegen jede Art republikfeindlicher, antidemokratischer und antiparlamentarischer Bestrebungen, schätzte Rathenau und unterstützte in der Folgezeit wirkungsvoll die Regierungen Wirth und Stresemann.

Die Feuilletonabteilung leitete zu dieser Zeit bereits Monty Jacobs (1875–1945), neben Alfred Kerr, Max Osborn, Arthur Eloesser, S. Jacobsohn einer der befähigtsten bürgerlichen Theaterkritiker Berlins. Bernhard und Jacobs arbeiteten mit einem Kreis erfahrener und angesehener Journalisten, Schriftsteller und Kunstwissenschaftler, in dem Paul Schlesinger alias Sling sich durchsetzen mußte. – Er tat es zunehmend souveräner. In betonter Distanz zur Ekstase expressionistischer Großstadtdichtung, eher betont *leise,* näherte er sich seinen Sujets. Er vertraute auf die Realität und die reale Poesie der Stadt, griff sich aus der Fülle des Stoffs ein bestimmtes, auffälliges Detail, beschrieb es in seiner typischen Topographie und verallgemeinerte dann literarisch: »Indem ich mich zum verantwortungsbewußten subjektiven Schaffen bekenne, sage ich auch, daß die suggestive Mitteilung eines eigenen seelischen Erlebnisses in der gedrängten Form eines Zeitungsberichtes nur durch die Anwendung künstlerischer Mittel möglich« wird.

Diese Haltung verlieh Schlesingers Berlin-Feuilletons der frühen zwanziger Jahre unverwechselbar Charme und Charakter. Die Jahreszeiten, die Moden der Saison, ihre neuesten Schlager, Berliner Kindermund, Duft und Geräusche, Handel und Wandel der Stadt – das alles spielt bei ihm ganz natürlich seinen Part, verselbständigt sich nicht und ist nie Anlaß oder gar Gegenstand prätentiöser Darstellung um der reinen Darstellung willen geworden. Dennoch hat das Atmosphärische in seinen Texten eine bestimmte Funktion. Die Details sind Zeugen des Autors. Er ist *dabeigewesen.* Das sollen seine Leser wissen. Geistreich, von feinem, mitunter gehalten-bitterem Humor, offenbaren seine Plaudereien und Mitteilungen dem Zeitgenossen pointiert ihren aktuellen Hintersinn.

Sling verfolgte die Entwicklung der Berliner, ihre Parteienkämpfe und politischen Auseinandersetzungen, ihre verzweifelten Anstrengungen um ein Stück privaten Glücks (Kohlen, Brot, Wohnung, Liebe) während der Zeit der Inflation und der Depression, in den ersten Jahren des unerwarteten wirtschaftlichen und kulturellen Aufschwungs. Seine Feuilletons besaßen eine weitgefächerte Thematik.

In ihrer allgemeinverständlichen, typologisierenden Psychologie – *der* Bauchwarenhändler, *der* Familienvater, *der* Rentner, *der* Kriegsinvalide, *das* alleinstehende Fräulein, *die* Kriegerwitwe, *die* Blumenfrau, *der* Buchmacher, *der* Angestellte, *der* ehemalige Offizier – erkannte sich vor allem der mittelständische und kleinbürgerliche Leser wieder. Faßlich wurden »die, da oben« und »die, da unten«. Persönliche Schicksale, gezeichnet durch Geschichte und Stellung in der Zeit, interessierten Sling mehr als alle touristischen Sehenswürdigkeiten und der konfektionierte Unterhaltungsrummel der Metropole.

Damals begann die produktivste Spanne seines Lebens, in der ihm der große Erfolg in der breiten Öffentlichkeit allerdings erst zugestanden wurde, als er sich 1924/1925 zunehmend auf das Gerichtsfeuilleton konzentrierte.

Zunächst schrieb er ein Jahrfünft, von Urlaubs- und Reiseskizzen abgesehen, hauptsächlich Berlinisches – *Berlinisches,* wie es sich seit Lessing und Mendelssohn, seit Heine und Glaßbrenner, seit Dronke, Fontane, Rodenberg, Stettenheim, Trojan und Eloesser u. v. a. über ein Jahrhundert lang vor ihm ausgeprägt hatte. Zum Flanieren und genußvollen Spazierengehen fehlte dem Manne des 20. Jahrhunderts allerdings die Zeit. Andererseits verlangte das Feuilleton *Bewegung* in der Stadt. Der Autobus ersetzte die Droschke. Was Sling nicht rasch erlaufen konnte, *erfuhr* er in diesen immer überfüllten, billigen, »schick« geltenden Transportern. Hier beobachtete er die Fahrgäste, nahm Witterung, spürte Tagesthemen auf. Die Viertel im reichen Berliner Westen, aber auch die Proletarierquartiere im Nordosten der Stadt wurden sein Terrain. Von der Oberfläche des gefälligen Scheins, den Schlössern und Parks, Theatern und Museen, Cafés und Restaurants, Singhallen, Vortragssälen und Kaufhäusern drang er auf seinen Wegen tiefer vor bis in die Wohnzimmer des verarmten Mittelstandes, in die Hotel-, Amts- und Polizeistuben, in die Absteigequartiere der Ein- und Durchreisenden – kurz, in all die »kreuzbraven, schnöden und anzüglichen Lokalitäten« des Vergnügens und des Verbrechens, die sich in vielen Fällen als Brutstätten unaufhaltsamer moralischer und politischer Verwahrlosung erwiesen.

Sling registrierte wie ein Seismograph, war aber nicht der Mann, seine Beobachtungen ungerührt ad acta zu legen. Er wollte warnen, Einhalt gebieten, *gerecht* beurteilt sehen. Immer häufiger rückten in den Mittelpunkt seiner Skizzen und Blätter für den Tag Menschen, »die am öffentlichen Leben leiden«, die mit normierten und bornierten Geboten und Verboten in Konflikt gerieten und in den vorgeblichen Segnungen der Demokratie hängenblieben. Auch die augenscheinlichen Veränderungen im Lebensrhythmus der Aufsteiger, der kleinen und großen Ganoven, Heiratsschwindler, Witwentröster, Korruptionsritter und Hochstapler »ehrenhalber«, ihre fragwürdigen Spiele und Geschäfte, ihre Hektik, ihre Neurosen, ihre finanziellen und politischen Transaktionen – das alles zeichnete Sling Woche für Woche unbestechlich nach.

Folgerichtig führte ihn solche Sicht immer häufiger nach Moabit. Bereits schon einmal rollten ja dort »seine Filme« ... Wie eng Slings Selbstverständnis als Feuilletonist mit seinem Interesse an der Justiz der Weimarer Republik verbunden war, zeigt eine Reihe »versteckter« kleiner Gerichtsberichte aus der »Vossischen Zeitung«, die im weitesten Sinne Berliner Zustände und Berliner Reaktionen glossieren und deshalb zu Recht in der vorliegenden Sammlung ihren Platz haben. Nicht immer waren sie unter Rubriken wie »Bagatellen«, »Moabiter Spiegel« oder »Die am öffentlichen Leben leiden« von vornherein als Feuilletons zu erkennen, die Bereiche der Justiz zum Schauplatz oder zum Ausgangspunkt nahmen.

Dabei hatte sich Schlesingers Idee, *Berlin zu schreiben,* Mitte der zwanziger Jahre keineswegs verbraucht, wie zeitgenössische Betrachter meinten. Das bewies schon die immer breitere und vielseitigere Ausfaltung dieser Form der kurzen Prosa in der Berliner bürgerlichen und proletarischen Presse. Sie hatte sich für Sling im Laufe der Zeit vielmehr in der Absicht manifestiert, Berlin in Moabit zu sehen und zu verstehen. In den kleinen menschlichen Komödien und Tragödien vor Gericht spiegelten sich ihm die zunehmende soziale und politische Polarisierung in der Weimarer Republik. Seine häufigen Gänge vor Gericht offenbarten ihm den augenblicklichen Zeitgeist deutlicher als anderswo. Dabei waren es nicht die großen Straftaten und spektakulären Prozesse, die seine Aufmerksamkeit auf sich zogen, sondern die alltäglichen Vergehen, an denen er die Lebensumstände und das Lebensgefühl der Berliner erkannte: Überhöhte Blumenpreise, Eintrittskartenschwindel, Bilderfälschungen, Mundraub, Diebstähle aus existenzieller Not, Verschuldungen und Erpressungen, Schlafstubengeschichten und Treppenhausschlägereien – Sling nahm auch solche *Zwischenfälle* zum Anlaß, seine Vorstellungen über ein sozial angemessenes Strafmaß zu entwickeln. Seine Justizkritik gerann nie zur groben Karikatur. Selten benutzte er schwerere satirische Kaliber. Entgleisungen wehrte er, indem er den guten Richter« in einer »Idealnorm« personifiziert (vgl. S. 184). Sling war weder ein Voltaire noch ein Zola. Er sah im Stand der Richter auch Menschen, die ihr Urteil wägten und um ein rechtes Strafmaß sich bemühten.

Er trat auch nicht besserwisserisch auf. Als seine größeren, »eigentlichen« Gerichtsreportagen – zumeist nach 1924 entstanden und in ihren klassischen Stücken von Robert Kempner 1929 unter dem Titel »Richter und Gerichtete« gesammelt – postum erschienen waren, konnte man im Geleitwort von Gustav Radbruch (bekannter sozialdemokratischer Rechtsphilosoph und 1923 unter Stresemann einige Monate Reichsjustizminister) lesen: »Sling hat glücklicherweise keine eigene ›Strafrechtstheorie‹. Er schiebt mit ungläubigem Lächeln alle diese eifernden Theorien beiseite und bewahrt dem Strafrecht gegenüber die Haltung, die einer so fragwürdigen Erscheinung gegenüber allein möglich ist: abgründige Skepsis . . . Solange wir ›Täter‹ strafen, nicht Menschen behandeln – solange es ein ›Strafrecht‹ gibt, gibt es kein gerechtes Strafrecht.«

Der Richter als »Bluthund« – solche Bilder entsprachen nicht Schlesingers Mentalität. Auf beharrliche, ruhige, unspektakuläre Weise hat er durch seine publizistische Tätigkeit fällige Reformen mit ausgelöst. So ist sein Eintreten gegen die Meineidsseuche in der Weimarer Republik nicht ohne Wirkungen geblieben. Überhaupt hat er der zeitgenössischen Justiz ihre Aufgabe vor der Öffentlichkeit klarer ins Licht gerückt. »Getragen von dem stillen Wissen um die Fehlsamkeit alles Menschlichen« (Radbruch) ist er mit irrenden und reaktionären Richtern ins Gericht gegangen.

Wichtiger als alle Strafrechtsvorgänge waren ihm immer die Bestraften, ihre Persönlichkeit, ihre Deformation und Beschädigung durch gesellschaftlich bedingte Umstände.

Sling hatte die Notwendigkeit einer möglichst gründlichen demokratischen Strafrechtsreform bereits in den ersten Jahren der revolutionären Nachkriegskrise erkannt. Das Terrorurteil gegen Max Hoelz beispielsweise – ausgesprochen von einer reaktionären Klassenjustiz – war selbst in der »Vossischen

Zeitung« auf Unverständnis und Ablehnung gestoßen. Der anonym bleibende Berichterstatter sympathisierte deutlich mit dem Opfer dieses Schauprozesses. Daß Sling bereits zu jener Zeit sich für Hoelz einsetzte, kann – aus Stil und Duktus des Fortsetzungsberichtes abgeleitet – vermutet werden. Später, als bekannte Künstler und Journalisten in machtvollen Befreiungskampagnen für Hoelz und andere politische Gefangene an die Seite der Arbeiterklasse traten, stand Sling mit Kisch, Tucholsky, Ossietzky, Mühsam, Balder und Rudolf Olden, Erich Toller, Armin T. Wegner, Thomas und Heinrich Mann in der vordersten Reihe des Kampfes für die Freilassung des sächsischen Revolutionärs. Im Mai 1927 besuchte Sling Max Hoelz im Zuchthaus Groß Strehlitz. Hoelz berichtete darüber: »Dieser bürgerliche Journalist wurde mir ein aufrichtiger Freund, den ich besonders schätze, weil er sich nicht nur für mich einsetzte, sondern für jeden Menschen, der unter das Fallbeil der Justiz geraten war.« Sling, damals Mitglied im Neutralen Komitee zur Freilassung von Hoelz, schrieb in der »Vossischen Zeitung« in einem aufsehenerregenden Artikel über seine »erneuten« Eindrücke von Hoelz und kam zu dem Schluß: »Eine solche Persönlichkeit gehört nicht ins Zuchthaus!«

Dieser Einsatz für Hoelz trug Sling weit über seine übliche Bedächtigkeit hinaus. Doch war er schon tot, ehe der immer rabiater vorgehende Faschismus seiner bürgerlichen Grundhaltung härtere und konsequentere Entscheidungen abverlangen konnte. So stimmt wohl, was die »Berliner Zeitung« 1948 in einer Würdigung anläßlich des 20. Sterbetages von Schlesinger schrieb: »Er hatte den psychologischen Röntgenblick, die Fähigkeit, dem feinsten Geflecht der soziologischen Zusammenhänge nachzuspüren, und ein selbständiges, von reicher Lebenserfahrung gestütztes Urteil ... Hier prallte die Welt der ›Elf Scharfrichter‹ und des ›Schwabinger Simpl‹ auf die monokelblitzenden Staatsanwälte ... Was ihm fehlte, war die Konsequenz des Kämpferischen, der leidenschaftlichen Entschiedenheit ... Er hätte den Griffel eines Francisco Goya, eines Honoré Daumiers führen können. Er tat es nicht. Schade.«

Slings Feuilletons – gleich ob Berlin- oder Moabit-Skizzen – sind aus ein und derselben Haltung entstanden. »Ehrlich« und »anständig« hat sie Tucholsky genannt, als es galt, den überhandnehmenden »preußischen Träumereien« im Feuilletonteil der großbürgerlichen Presse zu begegnen. Nie handelte es sich bei seinen Arbeiten um gebosseltes Kunstgewerbe, das hinter tönenden Phrasen und Klischees seinen Warencharakter verbirgt. Sicher, manches war rasch hinformuliert – wie es sich aus der täglichen Eile, der Situation vor Ort – im Gerichtssaal, in der Telefonzelle erklärt. Darin unterscheiden sich Slings Arbeiten von denen Alfred Polgars, Walter Benjamins, Victor Aubertins und Franz Hessels. Sie wurden mit wenigen Ausnahmen für die Tagespresse geschrieben, wurden nie überarbeitet oder vom Autor für eine Buchveröffentlichung nachträglich »frisiert«. In ihrer zupackenden, spontanen Sprachgestalt liegt ein zusätzlicher, nicht unwesentlicher, anhaltender Reiz.

IV

Als das Haus Ullstein 1927 den fünfzigsten Jahrestag seines Bestehens beging, war Schlesinger ein bekannter Mann. Als Sling hatte er sich den Ruf einer »stabilen Einrichtung« erworben. Als Autor fröhlich-unkonventioneller Kinderbücher, zu deren Erfolg die farbensatten Illustrationen von Walter Trier beigetragen hatten, wurde er weithin gelesen. Auch als Lustspieldichter genoß er nach mehrfachen Anläufen mit »Der dreimal tote Peter« – einer Komödie nach einem Stoff aus dem alten »Pitaval« – mehr als nur den üblichen Achtungserfolg. Therese Giehse, Heinz Rühmann und Hans Schweikart hatten bei der Uraufführung in München 1927 die Hauptrollen übernommen. Als Musikkritiker wurde er ebenfalls gedruckt. Gründe genug, will man meinen, optimistisch zu sein . . .

Und doch sprach Sling in seinem Aufsatz für die Festschrift des Konzerns ein Jahr vor seinem Tode zwar humorvoll-dankbar, aber zwischen den Zeilen schon unverkennbar beschwörend, »vom guten Geist des Hauses« und – wohl nicht zufällig – besonders von seinen redlichen Traditionen. Er anerkannte die Toleranz, die Vielstimmigkeit und die Offenheit unter den Kollegen. »In diesem Hause«, so schrieb er, »nimmt niemand ein Blatt vor den Mund. In diesem Hause sagen sich alle die Wahrheit, aber die Wahrheit ist glücklicherweise nicht immer dieselbe. Überhaupt: Wahrheit läßt sich so wenig einpökeln wie Begeisterung. Lebenshintergründe verschieben sich von gestern auf heute. Was heute noch wahr scheint, ist morgen eine Brücke, *die man nicht ohne Gefahr überschreitet* . . .« (Hervorhebung – R. Gr.).

Da tauchte sie wieder auf, die relativierende Skepsis, die hinter heiterer Gefaßtheit Trauer und Melancholie, ganz bestimmte kollektive Ängste verbarg. Trauer über die eigene Un-Macht, Angst vor der Macht, die sich eines Tages anschikken würde, den Geist der Aufklärung zu ersticken und alles »Fremdblütige« außer Landes zu jagen . . .

Im Mai 1928 stand Schlesingers fünfzigster Geburtstag bevor. Er verbat sich jede offizielle Feier und verreiste mit Frau und Tochter nach Bad Eilsen. Heimgekehrt, lud er zu einer privaten Nachfeier ein. In seinem kleinen Landhaus in Berlin-Schlachtensee, während des Tanzens, in den Armen einer jungen Malerin, überfiel ihn ein Herzkrampf. – Er starb am 22. Mai gegen 23 Uhr. Sein Tod wurde am 23. Mai 1928 amtlich bescheinigt. Am gleichen Tag erfuhren die Leser der »Vossischen Zeitung« in der Abendausgabe davon.

Den ersten Nachruf schrieb Monty Jacobs. Am 25. Mai 1928 fand in Stahnsdorf unter großer Beteiligung der Öffentlichkeit die Trauerfeierlichkeit statt. Die Gedenkrede sprach Georg Bernhard, der auch zehn Jahre später im französischen Exil in der »Pariser Tageszeitung« noch einmal des alten Freundes gedacht hat. Unter den Trauernden befanden sich Erich Mühsam und Leo Greiner aus der »Scharfrichter«-Zeit, Rechtsanwalt Alfred Apfel (der bekannte kommunistische Strafverteidiger), Emil Faktor (Verband der Theaterkritiker), Emil Dovifat (Vorsitzender des Berliner Bezirksverbandes der Deutschen Presse), bedeutende Berliner Richter wie Dr. Kroner, der Vorsitzende des Republikanischen Richterbundes – aber auch zahlreiche Leser, unter ihnen eine Abordnung Berliner Omnibusschaffner. Auf einer Kranzschleife stand zu lesen: »Paul Schlesinger – der liebenswürdigste Rebell, der mildeste Menschenbetrachter, der Richter über die Richter«.

Die Anteilnahme riß nicht ab. Die »Vossische Zeitung« zeichnete alles getreulich nach. So konnte man erfahren, daß Schlesinger im Sommersemester 1928 am Institut für Zeitungswesen an der Universität Heidelberg Vorlesungen halten wollte, hörte vom hinterlassenen Fragment einer neuen Komödie und las einen letzten Artikel aus Slings Feder, eine Rezension zum »ABC des Angeklagten«, einer populären Darstellung der Strafprozeßordnung von A. Felsart, Berlin.

Bis Ende des Monats informierte die »Vossische Zeitung« über Kondolenzbekundungen, so die der Presseabteilung der Reichsregierung und die des preußischen Staatsministeriums, des Nachrichtenamtes Berlin und des Senatspräsidenten am Berliner Kammergericht, Dr. Alfred Gerstel.

Gerstel hatte geschrieben: »Vor allem wir Richter haben ihm für sein Wirken zu danken . . . Man stelle sich vor, was es bedeutet, daß eine Künstlernatur wie er, tagaus, tagein, als stiller Beobachter die Stunden seiner besten Arbeitskraft dem kriminalen Kleinbetriebe gewidmet hat. Das war nur denkbar, weil er in jedem dieser Strafprozesse mit leidenschaftlichem Spürsinn das Menschliche zu finden wußte.«

Auch »Die Weltbühne« rief ihr »Gute Nacht, Sling!«, und Slang (d. i. Fritz Hampel), dem Schlesinger einmal empfohlen hatte, sich korrekterweise besser »Himpel« zu nennen, würdigte den Kollegen aus dem bürgerlichen Lager in der »Roten Fahne«: »Es gibt eine gewisse Tradition bürgerlicher Demokratie mit sozialem Einschlag, die heute nicht mehr auf der Tagesordnung steht. Am wenigsten bei der Firma Ullstein . . . Des Hauses Ullstein, dem er mehr genützt, als es ihm geschadet hat.« Damit war Entscheidendes gesagt.

Im Umfeld des ersten Sterbetages und aus Anlaß des Erscheinens von »Richter und Gerichtete« (1929) wiederholten sich die Würdigungen und Epiloge in der demokratischen Presse. Dann wurde es stiller um Schlesinger. Man spürte, was heraufzog, ahnte, was verloren war. Berliner und Moabiter

»Slings« würde es nie mehr geben. Paul Schlesinger war gegangen, ehe die Nazis ihn als »Kulturbolschewisten« und »Salonjuden« diffamieren konnten.

Sein Freund und Kollege Moritz Goldstein hat unter dem Pseudonym *Inquit* die Gerichtsreportage in der »Vossischen Zeitung« bis Anfang Mai 1933 fortgeführt, ehe er als einer der ersten Ullstein-Journalisten die Redaktion wegen »Rassebedenkens« verlassen mußte. Goldstein floh vor den Nazis nach Italien und später weiter über England in die USA. Dort ist er hochbetagt in New York gestorben, nicht ohne seine Erinnerungen an Sling aufgeschrieben zu haben.

Schlesingers Familie rettete sich ebenfalls. Seine Tochter Lisa, nach dem Kriege als Pressefotografin in Argentinien ansässig, lebte noch Anfang der achtziger Jahre in Buenos Aires. Heute sind die Spuren verloren – auch die Pflegerechte an der Grabstätte der Familie Schlesinger auf dem Südwestkirchhof in Stahnsdorf nimmt niemand mehr wahr.

Berlin aber entdeckt wieder seine alten Berliner. Verlag und Herausgeberin freuen sich, zum 750jährigen Bestehen der Stadt und zum bevorstehenden sechzigsten Todestag des Autors eine Auswahl der Feuilletons, die Sling zwischen 1921 und 1925 für die »Vossische Zeitung« geschrieben hat, zu veröffentlichen. Die Vielseitigkeit seiner Begabung hat ihm zu schaffen gemacht. Viel Gegensätzliches und Auseinanderstrebendes hat er durch Haltung zu verbinden gesucht. Er barg in sich einen Riß und litt an den Widersprüchen seiner Zeit. Seine Arbeiten sind immer noch lebendiges Berlin.

April 1986 Ruth Greuner

Editorische Notiz und Dank

Die Mehrzahl der hier wiedergegebenen Arbeiten aus der Feder Paul Felix Schlesingers, veröffentlicht unter dem Pseudonym Sling, werden zum erstenmal in Buchform publiziert. Die Zeitangaben unter den Texten beziehen sich auf Monat und Jahr ihrer Veröffentlichung in den unterschiedlichen Morgen- und Abendausgaben sowie den verschiedenen Unterhaltungs-, Literatur- und Wochenendbeilagen der »Vossischen Zeitung« (Jahrgänge 1921 bis incl. 1925). Arbeiten, deren Erstdruck während des gleichen Zeitraums in diesem Blatt nicht nachgewiesen werden konnten, aber 1924 im »Sling-Buch« vom Autor für seine erste und einzige Feuilletonsammlung zu Lebzeiten selbst ausgewählt worden sind, tragen den Veröffentlichungsvermerk [1924].

Die Herausgeberin und der Verlag danken an dieser Stelle allen, die das Zustandekommen des Buches uneigennützig unterstützten, ganz besonders aber den Mitarbeitern der Deutschen Staatsbibliothek, Berlin; dem Leiter des Ullstein-Bild-Text-Archivs, Herrn Marzian, Berlin (West); Frau Helga Bemmann, Prieros, sowie Herrn Thomas Franze, Berlin.

Quellen und Rechtsvermerk für die Abbildungen

1 Adolf Dehn [ohne Titel], aus: »Der Querschnitt«, 1926 (1. Halbband, S. 429)
2 Th. Th. Heine, Titelzeichnung für den »Querschnitt«, Jg. 1930, Heft 2
3 P. Erkens, Nollendorfplatz, aus: »Schall und Rauch«, 1920, Heft 1 (Sept.)
4 Signoli [ohne Titel], aus: »Der Querschnitt«, 1927 (1. Halbband, S. 251)
5 Ernst Aufseeser [ohne Titel], aus: »Der Querschnitt«, 1927 (1. Halbband, S. 39)
6 H. F. Bieling, Boxer und Trainer, aus: »Der Querschnitt«, 1924 (Sammlung in einem Band, S. 152)
7 Signoli [ohne Titel], aus: »Der Querschnitt«, 1930 (2. Halbband, S. 466)
8 P. Erkens [ohne Titel], aus: »Schall und Rauch«, 1920, Heft 3 (Nov.)
9 Otto Schoff [ohne Titel], aus: »Der Querschnitt«, 1927 (1. Halbband, S. 331)
10 George Grosz, Alte und junge Frau, aus: »Der Querschnitt«, 1930 (2. Halbband, S. 719)
11 Adolf Dehn [ohne Titel], aus: »Der Querschnitt«, 1926 (1. Halbband, S. 93)
12 P. Erkens, Berlin O, aus: »Schall und Rauch«, 1921, Heft 6 (Febr.)
13 Walter Trier, Der Spatzenschreck, aus: »Schall und Rauch«, 1920, Heft 2 (Jan.)
14 Ottomar Starke [ohne Titel], aus: »Der Querschnitt«, 1930 (2. Halbband, S. 815)
15 de Luca [ohne Titel], aus: »Der Querschnitt«, 1927 (1. Halbband, S. 137)

Inhalt